ch
Inn
Samnau
ch
Martina
Nauders
Strada
Tschlin
Seraplana
Ramosch
En
Reschen
Sent
Ftan
Scuol
Tarasp
Südtirol
Italia
Glurns
Pass dal Fuorn
Müstair
Italia

Flurinda Raschèr-Janett
Lothar Teckemeyer

Crescher e madürar

Flurinda Raschèr-Janett
Lothar Teckemeyer

Crescher e madürar

Ün'istorgia dad üna duonna da l'Engiadina

Verlag Agentur Altepost 2015

Dedichà a meis uffants
e
meis abiadis

Ün ingrazchamaint als sponsurs

Banca Raiffeisen Engiadina Val Müstair
Cumün da Scuol
energia Engiadina, Susch
Fundaziun Giov. Bazzi-Mengiardi
Lia Rumantscha, Cuoira
Promoziun da la cultura dal Grischun
Uniun dals Grischs

A reguard la traducziun
Formular mias algordanzes biograficas es stat per no ün inscunter intercultural, In lungs discuors cun Lothar Teckemeyer vain no scrit las istorgias in tudas-ch. El t'illas ha dat fuorma. Cun tradüer vaina constatà, cha quai cha in rumansch tuna original, es in tudais-ch different. Perquai es quist cudesch biling na üna traducziun ün per ün. Fingià il titel muossa quai: „Crescher e madürar" descriva ün process da laschar dvantar. „Freischwimmen" invezza exprima ün dvantar activ. Per il qual no nu vain chattà ün pled rumantsch adequat. No vain deciss da' ns laschar la libertà dad exprimer minchün in seis möd.

Bibliographische Information der Deutschen Nationalbibliothek:
Die Deutsche Nationalbibliothek verzeichnet diese Publikation in der Deutschen Nationalbibliographie;
detaillierte bibliographische Daten sind im Internet über http://dnb.d-nb.de abrufbar.

1. Auflage 2019

Fotos: Flurinda Raschèr-Janett
Gestaltung und Satz: André Gösecke, Dortmund
Gesamtverarbeitung: Druckerei Kettler, Bönen
Printed in Germany

www.agentur-altepost.de

ISBN 978-3-9817528-8-5

1941 Flurinda

Biografia

1938	nada illa chasa paterna da mia mamma a Seraplana
1945	scoula primara a S-chadatsch/Strada-Martina
1952	3 ans scoula secundara a Ramosch
1954	ün an Aux-pair a Lausanne
1955	giasunadi pro la posta a Trübbach
1960	maridà a Curadin Raschèr
1961 - 1966	naschita da trais uffants
1976	tscherna sco presidenta da la SM (Scoula da musica Engiadina Bassa/Val Müstair)
1988	ingaschamaint dürant 12 ons sco manadra da la SM
1988 - 1990	scolaziun sco animatura da creschüts (Erwachsenenbildnerin) a la AEB a Lucerna
1993	tscherna sco cusgliera da baselgia pro la baselgia evangelica refurmada Grischuna per 11 ons e sco presidenta da la conferenza da duonnas Svizra evangelicas (SEK) per 3 ons
1995	tut domicil a Scuol
2000	pensiunada
2008 - 2015	ingaschamaint voluntari ill'Oasa

Cuntgnü

Pream

Ir cun curaschi l'aigna via cunter tuot las resistenzas

Flurinda Raschèr-Janett (*1938) ho cun sieus algords aviert ün chapitel da l'istorgia da las duonnas in Grischun, hoz melapaina cuntschaint in quista fuorma; las experienzas d'üna duonna our dal temp cuort zieva la Seguonda Guerra chi ho passanto la rolla tradiziunela dal esser duonna. Ella s'ho ingascheda già dal prinzipi dals ans 1970 per l'emanzipaziun da las duonnas, chi l'ho deda la pussibilted da furmer l'egna persunalited e la sgürezza in se stess. Flurinda Raschèr ho tschernieu la via dal cumbat e dal ster aint cun curaschi per sia persvasiun e pel sustegn da la generaziun da duonnas da sieu temp.

Creschida sü in üna famiglia avierta per nouvas fuormas – la mamma, üna duonna creativa e lavuriusa chi cumbatta tuot las manzögnas sur dal caracter feminin, il bap ingascho per la cultura – es Flurinda Raschèr gnida sfurzeda già bod da defender e güstificher a sia mamma inconvenziunela invers las normas tradiziunelas da l'ambiaint puril conservativ da l'Engiadina Bassa; sia mamma, chi la provochaiva e d'eira al listess mumaint sieu idol. Pü tard, scu duonna madüreda, ho Flurinda Raschèr cumanzo a rumper ils liams ed ir sia via cun curaschi e cunter tuot las resistenzas.

Hoz guarda ella inavous e'ns do ün purtret dal cumbat istoric da las duonnas e da la vita in Engiadina Bassa fin aint pels ans 1990. Quist cudesch es üna perdütta chi manchaiva fin uossa illa biografia dal chantun Grischun.

Dr. phil. des. Silke Margherita Redolfi

MNEDRA DAL ARCHIV CULTUREL DA DUONNAS IN GRISCHUN.
TRADUCZIUN: POL CLO NICOLAY, FTAN

1996 concert scuola da musica

Da l'öv da Pasqua a la Scoula da musica

Musica es gnüda missa pro mai illa chüna! Menin Janett, magister a Tschlin, d'eira meis bapsegner. El es stat ün excellent dirigent da la musica da Tschlin. Eu m'algord cha in mia infanzia esa gnü chantà pro tuot las occasiuns. Meis genituors m'han quintà, ch'eu nu savaiva amo gnanca discuorrer inandret, cur ch'eu chantaiva tuot ils vers da „Chara lingua da la mamma". Üna da mias poesias predilettas, d'eira quella da la brava mattina. Mia fermezza quella jada d'eira da chantar e dir sü poesias. Paraints e cuntschaints vaivan plaschair ed am inscuntraivan cun simpatia e cun affecziun. Bel per mai! Cun duos ans nu vaiv'eu amo bod ingüns chavels. Mia mamma mettaiva ün farisel intuorn il cheu e faiva üna bella mascha. Uschè ch'eu guardaiv' oura sco ün öv da Pasqua. Eu d'eira ün uffant viv ed alleger ed adüna pront per rier.

Cun ses ons n'haja pudü imprender a sunar il clavazin. Cla Valentin, ün paschiunà magister da Strada, vaiva surtut l'incumbenza da m'instruir. Eu d'eira fingià quella jada pitschna. Duos plümatschs gross sülla sopcha da clavazin am daivan la pussibiltà da rivar culs mans sü pro las tastas. Eu nu sarà sgüra na statta ün genie. Però eu vaiva grond interess per las notas. Eu m'algord ch'eu n'ha muossà be blaga a mia mamma las notas ch'eu vaiva disegnà. Sia reacziun m'ha tut tuot las illusiuns, cur ch'ella m'ha dit: „Hai,hai, dà il prüm fadia dad esser üna buna scolara, quai es plü important co la musica." Ella varà gnü l'idea cha per gnir inavant illa vita as stopcha in prüma lingia imprender a far quints. Meis bap d'eira d'ün'otra pasta. Sias preferenzas d'eiran dad ir diligiaintamaig a las provas da musica sü Tschlin, cultivar la cumpagnia, leger e main l'interess per seis affar da transports. Mamma impè d'eira da l'idea cha far musica nu saduolla, ma basta per as divertir. In mincha cas ha ella vendü cur ch'eu vaiva nouv ans il clavazin. Eu d'eira üna figlia obediainta e n'ha propi dat fadia da dvantar üna buna scolara. L'affecziun per la musica es però restada.

Amo intant ch'eu giaiva ils ultims ans a scoula n'haja surtut l'incumbenza da sunar la dumengia l'armonium pel cult divin illa baselgia da Martina. Quist'incumbenza d'eira ün sfida speciala. Impustüt am n'haj'allegrada da das-chair sunar la saira da Nadal l'orgel illa baselgia da Ramosch. In mancanza dal clavazin n'haja exercità sül armonium in baselgia. Davo fini la scoula laiv'eu imprender frances e sun ida per ün on a Lausanne. Eu n'ha gnü la furtüna d'avair üna plazza pro duos professuras. Quellas m'han laschà tour part a lur vita interessanta chi ha per mai rivi il muond. Üna inschmanchabla experienza! Apaina rivada a Lausanne m'haja ingaschada aint il cor da la baselgia Methodista. Daspö là am n'haja adüna darcheu partecipada a chantar in ün cor.

L'educziun da meis uffants d'eira per mai üna chosa importanta. Impustüt n'haja miss grond pais da tils pussibiltar dad avair eir üna buna scolaziun musicala. Gianna-Bettina vaiva quella jada uras da clavazin a Zuoz. Al principi dal'on 1973 vaina müdà domicil ed eschan its ad abitar a Susch. Quella jada vaina eir surtut la posta a Susch. Per Emilia e Fadri d'eira plü difficil a survgnir instrucziun da musica. Uschè tils vaina annunzchà pro la Scoula da musica d'Engiadin'Ota a San Murezzan. Mincha marcurdi davomezdi tils vaina manats cul auto a la Laudinella a San Murezzan. Ils prüms ons al cuors fudamental. Plü tard ha Emilia pudü tour uras da viola da gamba pro Ingelore Balzer e Fadri ha cumanzà culla flöta d'alt. Per furtüna d'eira amo üna seguonda duonna a Susch chi vaiva il giavüsch da visitar l'Instrucziun da musica a San Murezzan. Uschè vaina pudü ans barattar giò cun far il viadi. Id es stat üna furtüna cha nos uffants das-chaivan giodair ün'instrucziun da musica qualifichada pro Ingelore Balzer. Üna magistra cun blera fantasia ed amur pels uffants. Qua o là pigliaiva ella ün pêr da seis scolars giò Susch ingio cha no organisaivan ün concert da chasa. Confamiliars ed amis gnivan invidats e pro tuorta e cafè tadlaivna cun plaschair ed entusiassem la musica dals uffants.

Intant d'eira eir in Engiadia bassa/Val Müstair uschè inavant. Dal 1976 es gnüda fundada eir pro no la scoula da musica. Quai ha dovrà blera lavur da persvasiun. In scherts cumüns, sco per exaimpel Tschlin e la Val Müstair, ingio chi regnaiva fingià üna viva vita musicala, nu s'haja al cumainzamaint chattà portas avertas.

Düront ils duos prüms ons s'haja cumanzà cull'instrucziun dal cuors fundamental cun 67 scolars. Rico Fallet, sco prüm manader, ha organisà üna scolaziun da magisters pel cuors fundamental pro Willi Lippuner ad Altstätten. Al medem temp s'haja tscherchà üna persuna chi surpigliess il presidi per far las lavuors organisatorias. In quel connex sun eu gnüda dumandada. Eu d'eira fich interessada vi da l'idea da s-chaffir üna scoula da musica e sun statta pronta da surtour quista sfida. Al cumainzamaint nu'm d'eira cler che chi füssan mias incumbenzas. Bain svelt n'haja inclet chi douvra finanzas, locals per instruir, plans d'instrucziun, cuntrats culs magisters e bler oter plü. Insomma üna nouva sfida. Persvader a bleras instanzas politicas. Ma eir ils contacts cun bleras persunas chi han sustgnü l'idea da fuondar üna scoula da musica.

Davo duos ons instrucziun da cuors fundamental han blers uffants express il giavüsch da pudair imprender a sunar ün instrumaint. In nossa regiun d'eira difficil da chattar magisters professiunals avuonda per surtour quista lezcha. Perquai vaina cumanzà a tscherchar sur cunfin. A Prutz ha il daintist arcumandà da dumandar ad ün magister da flöta travers ed ün magister da clavazin vaina chattà a Landeck. Plü tard s'haja augmantà il numer da magisters da l'Austria ed i sun gnüts ingaschats eir divers da l'Italia. Magisters da differentas linguas d'eira üna sfida. Las conferenzas stuvaivan gnir manadas in trais linguas. Per no Rumantschs nu d'eira quai ün grond problem. Plü problematic d'eira plütost il fat d'avair magisters chi derivaivan da trais differentas culturas. Per exaimpel regnaiva in Italia la devisa da promover be ils scolars talentats. Pro no ed in Austria d'eira üsit da promover tuot ils uffants. Quai ha dovrà ün tschert temp per chattar la storta. Adonta da las differentas ideas ed imaginaziuns ans vaina chattats sün ün livel equilibrà. Eu pens inavo cun plaschair a quist temp chi's ha tscherchà vias ed ideas cumünaivlas, chi han güdà a realisar ils böts da la scoula da musica.

Cun ir dal temp s'haja constattà cha davo passa 8,9 ons cun üna cumischiun ed ün presidi voluntari as stoja ingaschar üna persuna cun ün pensum pajà. Davo chi nun es stat pussibel da chattar üna persuna adattada, m'es gnüda fatta la dumanda sch'eu sco presidenta pudess surtour ad interim la lavur. Insembel cun Aita Biert chi d'eira musicista da professiun vaina surtut insembel quista incumbenza per ün tschert temp. No d'eiran entusiasmadas da quista lavur cha no vain fat cun grond zeli fin cha Aita ha decis davo 6 ons da far amo üna scolaziun. Per ils prossems 6 ons fin pro mia pensiun ha surtut Duri Janett la lavur dad Aita. Intant d'eira creschü il nomer da scolars sün passa 560.

D'utuon dal 2016 vaina pudü festagiar il giubileum da 40 ons Scoula da musica Engiadina Bassa/Val Müstair. Cun verer inavo am displascha minchatant ch'eu nun ha fat eir eu üna scolaziun da musica. Ma il fat ch'eu na das-chü güdar a fabrichar sü quista instituziun am dà satisfacziun. Impustüt chi ha dat ün pêr scolars da la scoula da musica chi sun dvantats musicists/musicistas professiunalas.

Il cranz d'urbajas

Quai d'eira propi üna sensaziun! Ca.30 musicants vaivan fat furori a la festa da musica federala da l'on 1948 a San Galla. La società da musica Tschlin vaiva ragiunt üna distincziun speciala per sia prestaziun musicala. Quai nu vess spettà ingün. Cun ouvras da Franz v. Suppé sco „Ein Morgen, ein Mittag, ein Abend in Wien" e „Dichter und Bauer" han els impreschiunà al public ed a la giuria. Grond applaus haja dat per la prestaziun dals homens e'ls giuvens. Ingüns da quels nu vaivan gnü ün'instrucziun da musica. Ils blers d'eiran paurs o mansterans, però amatuors da musica. Bod tuot ils homens dal cumün as partecipaivan a la società da musica da Tschlin. Quella jada nu d'eiran las duonnas amo musicantas, na be a Tschlin. Minch'eivna vaivna 1 fin 2 prouvas. Perfin las gazettas han derasà quista nouva. Bleras duonnas da musicants tils han accumpagnadas a San Galla per tegner ils polschs. Üna buna part da quist success giaiva a favur da meis bazegner Men Janett, „Menin", sco ch'el gniva nomnà.

Men d'eira ün dals trais figls illegitims da mia tatta Uorschla. Ils trais figls vaivan trais differents baps, quai chi d'eira per la fin dal 19avel tschientiner plütost alch insolit. Però tuots trais han fat lur carriera. Ün dad els d'eira düront il temp dals Habsburgers, cumanzamaint 20avel tschientinèr fin la fin da la prüma guerra mundiala minister extern a Triest.

Però inavo pro Men. Creschü sü a Tschlin, vaiva el fingia plü bod dat in ögl cun seis talent da musica. Ün talent chi'd es gnü promovü da plüssas varts. Però üna carriera da musicist nun es statta realisabla. Al seminari haja dat impustüt ün magister chi til ha fermamaing promovü. Davo sia scolaziun ha el surtut la plazza da magister a Ramosch, ün pêr ons plü tard a S-chadatsch, Strada-Martina. Düront ün pêr ons ha'l fat da paur cun success a Tschlin. Plü tard ha el surtut la plazza da magister a Tschlin, ingio ch'el es restà düront tuot sia vita. Menin as vaiva tut avant da promouver la musica da tola. Sia visiun: Mincha abitant stess pudair sunar ün instrumaint. Na tuots, ma divers han realisà quist böt.

Il plaschair da far musica a Tschlin nu d'eira alch nouv. Fingià dal 1873 as chattaivan alchün homens in ün circul per far musica. Illa gazetta rumantscha „Il Progress", i'l nomer da Büman dal 1874 as poja leger in ün rapport dal concert dals da Tschlin a Martina, ingio chi d'eiran gnüts a tadlar perfin da Scuol e da Denuder.

Ad üna festa da Glarunais/Grischuns ha Men imprais a cognuoscher a Katharina Schlittler da Niederurnen. Üna duonna chi's cugnuschaiv'oura sül chomp da las operas e da la musica classica. Ella derivaiva d'üna famiglia benestanta chi pigliaiva suvent part ad occurenzas culturalas. Dal 1905 han els maridà a Tschlin. Els han gnü insembel 8 uffants. Bod tuots sun restats a Tschlin. Be meis bap es rivà tras sia marida ad abitar giò Strada. Per mia nona esa stat ün grond müdamaint da viver a Tschlin. In ün temp chi gnanca nu daiv' aua in chasa ed otras comoditats sco hozindi.

Dal 1907 ha surtut Men Janett la bachetta da la musica instrumentala. Dingionder chi sun gnüts pro cun instrumaints, fingià da quel temp na uschè favuraivels, es amo hoz ün'ingiavinera. Plüprobabel tils varà güdà a finanziar il cumün. Sco ch'eu m'algord, nu daiva ingün sustegn da vart da la baselgia. Las prouvas vaivan lö la saira davo tschaina. Menin laiva promouver eir ils giuvenils chi giaivan amo a scoula. Sco chi d'eira üsit da quel temp nu das-chaivan ils uffants ir davo sain da not our in via. Quist fat ha manà ad ün conflict tanter il dirigent ed il ravarenda chi d'eira a listess mumaint president dal cussagl da scoula. Men Janett ha provà dad ignorar quist fat cul argumaint cha l'instrucziun da musica saja plü importanta co las reglas dal cussagl da scoula. Pels scolars d'eira quist'argumentaziun natüralmaing bainvissa. Uschè pudaivan els sviar oura als uordens. Plü tard ha il ravarenda quintà a mia mamma che'l haja vairamaing gnü fadia pro la tscherna da manster da's decider tanter dvantar pulizist o ravarenda. Mia mamma ha lura fat üna jada la remarcha ch'el vess fat meglder da dvantar pulizist.

Il prüm temp da sia actività sco dirigent nu d'eira uschè simpel, da stuvair cumanzar pro nolla! Als blers mancaiva las premissas da savair leger notas e l'abiltà da mouver la dainta dals mans. Però cun ir dals ons esa gratajà cun blera pazienza ed exercizi da far ün progress. Il prüm temp nu d'eiran ils resultats uschè gronds. Davo ils concerts dumandaiva Men a sia duonna co chi d'eira. Ella respundaiva pel solit: „Schi, schon bun, ma ün pa fos!" Cun ir dal temp ha la musica sviluppada l'armonia fin als success a San Galla. Menin nu d'eira be magister, ma el s'ingaschaiva in plüssas spartas in cumün.

El es stat eir dirigent dal cor masdà da Tschlin. Caracteristic in seis cor d'eira las vuschs chi chantaivan quella jada cun ün tschert vibrato. Eu pens vuglüdamaing cha quai nu plaschaiva a tuots, ma chi d'eira ün pa special. Eir pel teater vaiva el gronda paschiun. Blers tocs istorics sun gnüts inscenats a Tschlin. Per exaimpel "Il tradimaint da Novara" o „Curdin de Sass". Blera glieud dal cumün s'ingaschaiva, saja quai cun giovar o a far culissas e pisserar per custüms. Tanta Tina as vaiva specialisada a pitturar las culissas. Blera glieud gniva eir nanpro a verer il teater. Als giovaders daivan quists teaters la pussibiltà da giovar rollas na dal minchadi, mo pudair viver üna jada in ün ambiaint eir ün pa da fantasia. Uschè dvantaiva il restorant „Mutler" dürant ils mais d'inviern ün eldorado da giodair teater e musica.

La dumengia d'eira meis bazegner organist. Là appartgnaiva el a l'harmonium. Ün orgel es gnü installà pür blers ons plü tard. Eu m'algord amo fich bain co ch'eu da pitschna sezzaiva sün sia schnuoglia cur ch'el giaiva in baselgia ad exercitar. Amo hoz vez eu il fieuter vert cul registers. Meis entusiassem per la musica es gnü promovü fingià quella jada.

Men Janett es mort cun 81ons, trais dis davo ch'el ha dirigi per l'ultima jada il concert da Büman a Tschlin. Pro üna da mias ultimas visitas n'haja vis la Bibla averta sün sia maisa. I para sco sch'el vess as persögnà da la mort chi s'approsmaiva. Seis ingaschamaint as bada amo hoz in cumün. Seis figl Cla Janett ha surtut da diriger inavant la musica. Fin al di d'hoz es restada quist'incumbenza illa famiglia Janett Uossa dirigia fingià daspö blers ons Duri Janett la musica. La società ha ca. 30 musicists. A Tschlin è'la üna società importanta, hoz eir cun clarinettas, saxofons e flötas. E natüralmaing fan part uossa sco musicistas eir duonnas.

Il conflict cul president dal cussagl da scoula es fingià dalönch nan evas. Hoz s'allegra la raspada scha la società da musica imbellischa eir ils cults divins. Ils „Fränzlis" sun davantats cuntschaints sur ils cunfins oura. Lur ragischs derivan da la tradiziun dals Janetts. Els as dedicheschan a la musica populara contemporana cun ün grond spectrum ed al jazz. La prüma generaziun dals „Fränzlis" d'eiran ils abiadis da Men Janett. Hoz sunan eir ils bisabiadis.

1948 Società da musica Tschlin

Bar da lat

I stuvaiva schon esser alch special. Na be üna solita bar o ün cafè, ingün'ustaria. Na, üna bar da lat laiva mia mamma drizzar aint a Strada. L'unica e la prüma a Strada o dafatta in Engiadina Bassa. Dals ons 1960 d'eira üna bar da lat ün lö ingio chi nu gniva consümà ingün alcohol. Ün lö d'inscunter per famiglias, uffants e giuvenils.

Uossa as trattaiva da tilla drizzar aint. Il prüm esa gnü fabrichà üna terrassa. Na gronda, ma tant chi vaivan lö duos maisas. Ün lö sulagliv, impustüt per la stà. Ma la bar stuvaiv'esser averta tuot on. Perquai esa gnü drizzà aint in duos stanzas giò'l parterra ün büfè chi serviva sco „theke". Maisas e sopchas vaiva mia mamma cumprà d'occasiun our il Tirol o giò'l Vnuost. Meis genituors vaivan ün'impraisa da transports. Uschè cha mia mamma ha chattà da tuot las varts mobiglia da seguonda man. E pels transports d'eira pisserà. Plain supergia ha'la laschà pitturar ün grond placat cun scrit sü „Milchbar". Cun ün pêr fögls volants ha'la fat recloma pro amis e cuntschaints.

Per rivir quella jada ün cafè o ün'ustaria as stuvaiva far ün cuors d'uster. Per mia mamma ingün problem! Ella ha fat il cuors e l'examen final e d'eira pronta per rivir sia bar da lat. Natüralmaing ch'üna tala bar da lat d'eira a Strada üna tscherta sensaziun. Cun ün ter buonder gniva la glieud dals contuorns a verer che cha Elisabeth Janett vaiva miss ad ir. Quai nu gniva offri be lat chod e fraid, ma eir Ovomaltina e divers Shakes ch'ella vaiva vis in oters lös. Il temp d'avertüra d'eira flexibel e minchatant d'eira scrit sü „serrà", perche Elisabeth vaiva eir amo otras incumbenzas. La rendita finanziala nu d'eira gronda, l'ustera desistiva minchatant da far pajar our da spüra simpatia. Ella vaiva simplamaing plaschair da tuot quels chi gnivan in sia bar.

La bar da lat nu d'eira l'unica idea cha mia mamma vaiva. Davo la guerra d'eira il volumen dals transports creschü. Meis genituors vaivan cumprà duos camiuns nouvs. Ün guidaiva meis bap e pel seguond dovraiva quai ün manaschunz, ün schoför. Elisabeth ha decis da s'acquistar la permissa dad ir cul camiun. L'examen nun ha'la mai fat. Ma qua o là s'ha'la missa davo la rouda da masinar. Plü tard s'ha ella dumandada: „Perche transportar be laina e material? Perche na far l'examen da taxi e transportar persunas? Dit e fat! Ün bus da VW ha stuvü nan e cur chi mancaivan ils passagers giaiv'la our il Vnuost e cumpraiva maila e paira per ir a vender da chà in chà. Sco persuna comunicativa vaiv'la eir chattà la storta culs daziers da las doganas. A quels cognuschaiv'ella tuots.

Ün bel di ha'la spontanamaing decis dad ir sül Reschen. Meis frar Fritz absolvaiva güsta il servezzan da militar. Mia mamma ha gnü la bun'idea da tour l'auto nouv da meis frar per far ün' uscheditta „Spritzfahrt" sül Reschen. A la dogana taliana è'la gnüda controllada e cun rivir il

„Kofferraum“ – che surpraisa a verer il schluppet da militar da Fritz! Ils daziers han reagi be subit! Els han arrestà ad Elisabeth ed ella es restada düront 4 uras in fermanza, provond da declerar la situaziun. In quel temp capitaivan giò'l Vnuost suvent attachas terroristicas. Id es stat fich difficil a far incleger als daziers il fat chi's trattaiva d'üna malincletta e na d'ün act da violenza.

Rivir üna bar da lat, far la patenta da taxi, cumprar ün bus. Quai nun ha bastü a mia mamma. La nouv'idea d'eira da rivir üna staziun da benzina. Per realisar quist'idea vaiva ella dabsögn d'ün toc terrain. Il prà visavis a nossa chasa appartgnaiva ad ün barba. Quel nu laiva il prüm incleger l'idea da drizzar aint üna staziun per vender benzina. Quai ha dovrà ün lung temp per persvader a nos barba da vender ün toc terrain. Ün'unica „collona“ da la firma Gulf es gnüda installada. Ma quai nu d'eira tuot. Eir ün kiosk faiva dabsögn. Per vender cocas, tschiculatta, tschics ed otras dutscharias. Ün pêr assas e gottas e – fat d'eira il kiosk! Però l'inviern d'eira massa fraid ed il chod da la stà faiva leuar las tschiculattas. Davo pac temp as vaiva badà cha'l kiosk nu serviva perche i mancaivan ils indrizs toccants.

Insolit es statta eir mia nozza. Mia mamma ha tut svess per mans l'organisaziun. Cun quai cha no nu vaivan avantman gronds mezs finanzials, ha'la gnü l'idea da rumir oura nossa garascha da camiun, tilla pitturar e flodrar las paraids cun ün tessü da bambus. Id es stat dad organisar maisas, bancs e sopchas per cha 80 persunas hajan plazza. Mia mamma faiva quint cun üna gronda nozza, na be cun paraints, ma eir cun blers amis. Ün cuschinunz ha pisserà per üna buna tschaina. Il bal da nozzas ha gnü lö oura i'l Hotel da la posta a Martina. Per la musica da bal ha pisserà la chapella Janett, voul dir ils fradgliuns da meis bap ed oters paraints.

Adonta da las ideas ün pa insolitas d'eira mia mamma bainvissa in cumün. Sia tenuta sociala gniva predschada. Adüna cur chi faiva dabsögn, d'eir'la pronta da güdar. Per exaimpel cur ch'ün hom giuven da Ramosch es disgrazchà cun seis töf, d'eira ella üna da las prümas sül lö a güdar. Cun seis auto ha'la transportà al disgrazchà subit a l'ospidal. Quai chi til ha salvà la vita. Düront la guerra cur chi d'eira raziunà las vivondas d'eira mia mamma respunsabla per dar oura las cartas in cumün. Üna lavur chi d'eira exposta a dubis e malsfiduzcha. Ella d'eira però eir cuntschainta sco persuna conscienzchusa e fidada. In sia aigna vita però as pigliaiva ella la libertà da reagir in seis möd sainza tour resguard sün tarlondas. A no giuvens manaiv'la cul auto sü Danuder a bal per cha no ans possan divertir in cumpagnia. Fats ingüsts nomnaiv'la per nom. Quai chi tilla nu plaschaiva, dschaiv'la be dret oura. Per duonnas chi gnivan in Svizra a lavurar, vaiva ella ün cour avert. In occasiun da sia mort tilla ha blera glieud accumpagnada sülla fossa. Eir glieud giuvna ha dit davopro: „Pro Elisabeth vaina surgni blers cafès."

1930 Confirmaziun Elisabeth

Il bratschulet d'or

Mia tanta Cati, la sour da mia mamma, portaiva pro festivitats plü grondas minchatant ün bellischem bratschulet d'or. A mai paraiva ch'el füss ün pitschen misteri. Pür cur ch'eu deira creschüda n'haja gnü il curaschi da dumandar ad ella d'ingionder cha quel deriva. Cati ha quintà cha seis bap, meis bazegner, as vaiva inamurà amo avant co partir per Venezuela in üna giuvna da la regiun. El as vaiva imaginà da tilla maridar cha cur ch'el tuornarà davo esser gnü rich. La nozza nun ha mai gnü lö. Plü tard ha'l regalà quist bel bratschulet a sia figlia plü giuvna. Sün mia dumonda am ha quintà tanta Cati amo plü da meis bazegner Cla Gisep. Cur ch'el es mort vaiva eu be s-chars trais ons. In nossa famiglia as discurriva d'inrar sur dad el. Pigliond oura qua o la ün remarcha gniva suvent taschü. Uschè sun eu gnüda a savair toc a toc ün per detagls da la vita da quist hom chi paraiva ün pa misterius. Eu nu vaiva mai gnü il curaschi da dumandar davo plü precis a mia mamma. I paraiva sco sch'ella as scheness da discuorrer sur da seis bap. Tanta Cati d'eira plü averta.

Sco hom giuven d'eira Cla Gisep emigrà cun seis ami in Venezuela. Là han els fabrichà sü ün affar da cafè e da tschiculatta. Ün affar local, ma eir ün affar chi exportaiva seis prodots our il ester.

Al principi dal 20avel tschientiner es el tuornà davo ün grond success in Engiadina. Dürant seis sogiuorn a Venezuela nu vaiva el invlidà a sia amanta. Ingün da la famiglia nun ha cugnuoschü il nom da quista giuvna. El as vaiva insömgià da tuornar e da tilla maridar. Il sömmi es i a fin cur ch'el ha stuvü realisar cha sia prediletta vaiva intant maridà ad ün oter hom. Restà es be il bratschulet ed ün gronda dischillusiun.

Però la vita es ida inavant. Cla ha cumprà ün hotel a Scuol cul guadogn ch'el vaiva fat in Venezuela. Là ha el imprais a cugnuoscher a mia nona Anna Beckers. La giuvna duonna chi derivaiva da la Germania, in vicinanza dad Aachen, dasper il cunfin cull'Ollanda, es rivada in Svizra, a Scuol. Ella vaiva bandunà seis pajais amo avant la prüma guerra mundiala per tscherchar üna existenza in Svizra. Ella lavuraiva i'l hotel cha Cla vaiva cumprà. Il sömmi da la gronda amur da Cla deira ruot, ma na seis giavüsch da fundar üna famiglia. Per Anna vaiva el simpatia. Davo cuort temp han els maridà. Ch'ella deira be la seguonda tscherna nun ha el mai dat da s'inacordscher, ha manià tanta Cati. „Da sia gronda amur sun eu gnüda a savair be tras il bratschulet d'or“, ha ella cumplettà.

Cla ed Anna han gnü quatter uffants. Mia mamma Elisabeth d'eira la plü veglia. Tanta Cati la plü giuvna. Tanteraint amo duos mats. Mario e Fernando. Cla d'eira ün uman cun üna avaina sociala. El resentiva üna ferma respunsabiltà invers quels chi possedaivan plü pac co el.

Ingio chi faiva dabsögn d'eira'l pront da güdar. Sia generusità d'eira cuntschainta. Tscherta glieud ha eir profità da quai. Uschè ha sia richezza cumanzà as diminuir. In general vaiva el massa blera fiduzcha ed el nun ha badà cha seis cumpagnun da Venezuela til ha fregà fond suottascriver schecs blancos. Quai til ha ruinà. El ha pers üna buna part da sia facultà. Restadas sun be amo la chasa a Seraplana e l'agricultura. Almain ha Cla pisserà cha sia duonna Anna tilla possa mantegner.

Cla nu d'eira be tuornà da Venezuela cun üna gronda facultà, ma eir sco hom ruot, ha quintà tanta Cati. Cun ir dals ons es el dvantà vi'e plü depressiv. Seis meidi da chasa til ha dat morfium per pudair surlevgiar sia deblezza. Quai til ha fat gnir dependent. Id es dvantà vi'e plü difficil da survendscher il minchadi. Ün bel di til ha chattà mia mamma davant il spejel ch'el manövraiva cun ün revolver. Be ün sbraj dad ella ha pudü evitar ch'el as piglia la vita.

La seguonda guerra mundiala düraiva fingià duos ons cur cha Cla es svani ün bel di. Tuot il cumün til ha tscherchà. A la riva da l'En, a Plattamala es gnü chattà seis tschop. Pacs dis plü tard es la pulizia rivada culla nouva cha ad Innsbruck saja gnüda chattada üna persuna morta. Tuot ils indizis han confermà chi s'trattaiva da Cla Gisep. El es gnü sepuli anonimamaing ad Innsbruck. Cun quai cha l'Austria d'eira in stadi da guerra nun esa stat pussibel ad ingün da la famiglia da's partecipar al funaral.

Il bratschulet d'or, la chasa a Seraplana e la pauraria sun restatats las unicas algordanzas a meis bazegner. La mort da Cla es statta ün grond schoc per la famiglia, ma eir sias depressiuns e sias difficultats finanzialas d'eiran üna gronda sumbriva. Ingün nu vaiva vöglia da discuorrer lasupra. Pür cur cha mia mamma d'eira fich veglia esa stat pussibel da manzunar quist tema. Bler nu s'haja pudü sclerir. Però i m'es gnü consciaint cha bleras reacziuns da mia mamma d'eiran buoladas da seis pissers e da la greivezza cha la famiglia vaiva stuvü passantar ons a l'inlunga. Agüd psicologic nu daiva da quel temp ed ils confamigliars han stuvü viver cun lur pissers. Quel destin am fa amo hoz dvantar trista. Co vess Cla Gisep passantà suot otras circunstanzas sia vita? Füss statta sia vita plü sulagliva?

1938 Villa Fulia da Cla Gisep

1914 Anna e Cla cun Elisabeth

1910 Bazegner Cla

Autos culla staila

La gronda superbgia da meis genituors d'eiran lur camiuns culla staila. Lur parc dad autos consistiva da duos camiuns, duos jeeps e duos autos da persunas ed ün tschert temp ün bus da VW. Dad avair duos camiuns culla staila, voul dir da la marca Mercedes, d'eira in Engiadina alch special. In nossa val d'eira derasada plü ferm la marca Saurer. Il garaschist Walter Dürst a Tavo vaiva proponü a meis genituors da cumprar da la firma a Stuttgart camiuns da la marca Mercedes.

Cumanzà cull'impraisa da transports ha meis bap dal l'an 1941. Meis bazegner Cla Gisep vaiva persvas a meis bap cha quai füss üna buna basa d'existenza. Pro la resgia Pattis a Martina vaiva el suvent la pussibiltà da manar chargias cun assas a la staziun da Scuol. Pro'l cumün da Tschlin daiva blers transports da laina da fö. Quella jada faivan la gerra a la riva da l'En culla „palla". Per tilla transportar as staiva il prüm far quai cun ün jeep. Perche las vias lateralas d'eiran massa strettas pel camiun. Cumanzà han els da seis temp cun ün camiun da la marca Chevrolet ch'els vaivan cumprà da nouv.

Süll'idea da far transports sun gnüdas eir otras firmas. Üna d'eira la firma Kirchen e Pfister da Scuol e la ditta Denoth da Ramosch. La concurrenza d'eira gronda. Per gnir a seis fats d'eira da star süllas chommas davo. Avair bunas relaziuns cul silvicultur per gnir resguardà pro la surdatta da la lavur. Quai nu d'eira propcha la fermezza da mia mamma. Ella nu vaiva ingün indschign diplomatic. Cun seis temperamaint e seis möd da dir las robas cleramaing vaiva ella impustüt conflicts cul silvicultur. La centrala da telefon a Strada d'eira quella jada manuala e la telefonista pudaiva tadlar quai chi gniva discurrü. Per exaimpel cun far giò predschs. Mia mamma cun seis möd direct vaiva lura tscherts dubis.

Be avant pac temp ha quintà meis frar Men co ch'el giaiva a Samedan cul camiun cun chargià butschins da 250 liters per manar benzina da Samedan fin aint in Samignun. Quella jada nu daiva amo ils tancs da transports süls camiuns sco hozindi. Aint in Samignun gniva svödà il benzin tras ün padriöl aint il tanc suotterran. Men ha commentà cun dir: „Per furtüna ch'eu nu fümaiva..."

Vairamaing il „chef" da la firma Janett d'eira mia mamma. Natüralmainch ch'ella vaiva la permissa per imprender a guidar il camiun. Ella trattaiva culs cliaints a reguard predschs e cundiziuns ed organisaiva ils transports. Dals ons tschiquanta ha cumanzà la fabrica da las ouvras electricas d' Engiadina. Quai d'eira il mumaint da drizzar duos camiuns. Apunta quels culla staila. Cul bus faiva ella inavant taxis ed üna nouva sfida d'eira da surtour da la bacheria Juon e da la furnaria Heinrich dad ir fin oura Martina da chasa in chasa a vender lur prodots. Quai chi gniva fat plü bod cul chavagl.

Ils interess da meis bap d'eiran differents. Duos jadas l'eivna giaiva'l sü Tschlin a prouva da musica chi gniva dirigida da seis bap. Las provas da musica düraivan bundant duos uras. Però davo as sezzaiva amo lönch insembel da cumpagnia, pel solit fin las uras pitschnas. Quai giaiva cunter il strich a mia mamma. Ella ha adüna darcheu provà da dir a meis bap da tuornar a temp a chasa. Sainza success. Ün bel di es ella gnüda süll'idea da trametter a mai cun bap a prouva da musica. Ella speraiva cha meis accumpagnamaint pro las provas, motiveschen a meis bap dad ir plü bod a chasa. Uffants ston tantüna ir pro temp a dormir. Quai stess verrer aint eir meis bap. Ma eir quista masüra nun ha gnü grond success. A mai plaschaiva dad ir a musica, impustüt tadlaiva eu cun plaschair las melodias, per davopro am rumanzar sül bratsch da bap o da bazegner.

La seguond'amur da meis bap d'eira sper la lectüra il diriger il cor masdà Strada-Martina. Far sots populars eir cun mia mamma, quai til plaschaiva eir ourdvart bain. Per tuot las spartas culturalas vaiva el simpatia. Uschè visitaivan no da temp in temp il „Landestheater" ad Innsbruck. Mia prüma opera ch'eu n'ha vis d'eira „Figaros Hochzeit" da Wolfgang Amadeus Mozart, e quai ad Innsbruck cun 12 ons. Meis bap d'eira plütost ün tip da l'anim co da l'affar. El amaiva la cumpagnia, la musica e'l chant.

Per metter in funcziun tuots duos camiuns faiva dabsögn dad ün schoför. Meis bap ha gnü divers. Pel solit aint dal Tirol. Not Denoth d'eira però da Ramosch. El d'eira ün tip fidà ed ingaschà. Minchatant bavaiva el gugent üna bira, minchatant eir duos. El d'eira ün tip fich agreabel ed appartgnaiva ün pa pro la famiglia. Üna saira d'utuon è'l tuornà in ün möd insolit a chasa. Mia mamma vaiva pront fingià üna pezza la tschaina. Malpazchaintamaing til spettaivna a gnir.

A la fin vaina vis a s'avicinar las glüms dal camiun. In d'üna jada – be cuort avant nossa chasa – ha il camiun fat üna storta, ha traversà nos üert ed es parti gio per la costa ed es rivà cul nas aint il tschisp giò'n Ischla. Temma e schnuizi ans han laschà stramir. Che d'eira be capità? I d'eira s-chürdüms. J's vezzaiva be las glüminas davovart. Però davo paca pezza staiva Not davant porta. Malsgürs, ma eir cuntaints cha Not nu d'eira feri, d'eiran tuots surlevgiats chi nu d'eira capità alch plü mal. Not ha be taschü. A la fin ans vaina miss a maisa e vain mangià nossa tschaina sainza gronds comentars. Al di davo vaina trat sü il camiun. Il don d'eira supportabel.

Ün pêr ons plü tard s'ha meis bap retrat dals transports ed es tuornà in seis manster sco electricist. El ha lavurà amo ün pêr ons pro l'Impraisa electrica a Scuol. Ün camiun es gnü vendü. Il camiun grond ha surtut meis frar Cla. El s'ha specialisà sün transports internaziunals chi til han portà in tuot l'Europa, ma eir fin Iran e Dubai.

1948 Flurinda culs frars

1958 Festa da chant Vicosoprano

La chasa chi nun es rivada sülla muntogna

Heidi es üna veglia amia da mai. Imprais a cugnuoscher ans vaina fingià düront la scoula secundara. Il prüm sco amia da charta (Brieffreundin). Dals ons 50 d'eira üsit cha scoulas da la Svizra Bassa regalaivan a scoulas muntagnardas maila per la posa. Quai tramettaivan chaistas interas per chi düra tuot inviern. No scolars e scolaras da la scoula secundara da Ramosch ans vain miss a scriver per ingrazchar als scolars da Horn al lai Bodan.

Heidi ha surgni mia charta ed ha subit respus, quai cha uschigliö nu gniva fat. Usché ans vaina scrit adüna inavant. Mia mamma ha lura gnü l'idea dad invidar üna jada a Heidi da gnir pro no. A Pasqua dal on 1953 ans ha'la lura fat la visita. A la staziun da Scuol tilla n'haja vissa la prüma jada. Ella vaiva bellas tarschoulas lungas chi m'han fat fich impreschiun. No ans d'eiran be subit simpaticas. Fingià la prosma stà tilla n'haja visità al lai Bodan. No pudaivan discuorrer sur da tuot, chantaivan suvent, impustüt cun lavar la vaschella. Heidi m'ha provà da muossar a nodar, però plü o main sainza success. Meis respet da l'aua d'eira massa grond. Eu tilla n'ha laschà imprender a cugnuoscher la naiv e l'inviern in Engiadina. Tuottas duos vaivan gust da leger e vain uschè barattà oura noss impissamaints. Cul temp eschan dvantadas bunas amias fin ad hozindi.

Cu cha no vain gnü 17 ons, laivna ir insembel in Ingalterra ad imprender inglais. Però mia mamma nu d'eira perincletta cun quist' idea. Ella ha vuglü ch'eu stetta a chasa, per tilla güdar in economia. Güsta düront la stà deir'la ingaschada culs transports e per far l'economia nu restaiva bler temp ne blera vöglia. Uschè d'eira previs ch'eu surpigliess quella lavur. Sia proposta d'eira dad ir lura sur inviern ad imprender inglais. Però ün viadi in Ingalterra nun ha mai gnü lö. Uschè cha Heidi es ida suletta a Londra. Fingià illas prümas chartas d'eira ella inchantada dal möd da viver in Ingalterra. Per ella s'ha rivi ün nouv muond. Adüna darcheu quintaiv'la dad ün student da geologia. Cun Roger passantaiva ella suvent il temp liber. El tilla ha introdütta i'ls circuls da students chi tilla plaschaiva. Heidi nu d'eira be entusiasmada da Londra, ma eir da Roger. Our da la prüma simpatia esa dvantà affecziun. Uschè ch'els s'han inamurats e decis da maridar.

Da temp in temp passantaivan els vacanzas in Engiadina. Vi e plü es creschüda la simpatia pel cumün da Tschlin cun sia bella baselgia. Eir ravarenda Blanke giodaiva lur simpatia. Uschè esa bain svelt nada l'idea da festegiar lur nozza a Tschlin, a l'engiadinaisa, cun ün cult divin, tschaina da festa e cul bal da nozzas, al qual d'eira invidada tuot la populaziun. Dasper ils paraints e cuntschaints d'eiran invidats eir ils amis e students da Heidi e Roger. Almain 20 students da Londra sun rivats cun buscha e sach da durmir. Id ans es reuschi da chattar in nossa chasa a Strada per minchün ün chantunet per durmir. La nozza es statta ün grond evenimaint, impustüt pels amis da l'Ingalterra. Il prüm d'eiran ils clings da la musica da bal ün pa esters, ma davo ün pêr trais-chas s'han els acclimatisats e cumanzà a giodair a ballar e star da cumpagnia. Tuots han badà las differentas linguas, inglais, rumantsch, tudais-ch, eir la pussibiltà da provar da s'incleger cun mimica, gests e cun mans e peis. Ün nouva experienza tanter s'avicinar e distanza per indigens e giasts. Ed adonta dal esser ester d'eira la sairada buollada da bler plaschair e buonder vicendaivel.

Düront 14 ons han Heidi e Roger vivü a Londra. Roger sco magister e Heidi in differentas spartas. Lur colliaziun cun Tschlin ha dürà inavant sainza interrupziuns. Planet es madürà l'idea da fabrichar scha pussibel üna chasa . Bain svelt esa s'haja eir chattâ ün plazzal da fabrica. Lur pussibiltats finanzialas d'eiran limitadas. Perquai es gnü Roger süll'idea da cumprar a Londra üna chasa prefabrichada e tilla transportar a Tschlin. Quaint d'eira il predsch per üna chasa plü favuraivel co in Svizra. Dit e fat! Els han tschernü üna chasa da lain cun ün tet planiv. Roger s'ha lura laschà persvader cha ün tet planiv pel inviern engiadinais saja plütost problematic. Ma el s'ha laschà persvader be da far ün tet a piz ed inguott'oter.

E lura es gnü il di dal transport. Duos camiuns lungs han transportà paraids, üschs, tramas, fanestras ed il rest dal material da Londra sur il chanal tras la Frantscha e la Germania, sur il pass dal Flüela fin a Strada, voul dir a Ruinains. Sainza difficultats fin qua, ingio chi cumainza la via per ir sü Tschlin. Ma là es lura stat a fin il viadi! Adonta da provar e provar adüna darcheu nun esa stat pussibel da cuntinuar. Ils motors dals duos camiuns d'eiran simplamaing massa debels per trar las grondas chargias sü da la muntogna. Pels manaschunzs d'eira inchapibel cha quai nu funcziuna. Els d'eiran ün pa superbis da lur camiuns e nu d'eiran be subit pronts dad acceptar quista sfida. Ils indigens d'eiran cun ün surier insomma ün pa skeptics da l'idea da transportar üna chasa da Londra a Tschlin.

A la fin ha gnü meis bap l'idea da chargiar intuorn il material sül remuorch da seis Jeep e manar toc a toc sü Tschlin. Davo trais dis d'eira scholt il problem. Il desideri da viver in Engiadina d'eira pro Heidi e Roger dvantà uschè grand ch'els han duos ons plü tard decis da lair müdar domicil e gnir ad abitar in Engiadina. Roger es dvantà magister al Lyceum a Zuoz, Heidi ha imprais rumantsch ed ha surtut la scoulina a S-chanf. La chasa a Tschlin tils serviva sco chasa da vacanzas. Ma Roger ha passantà bod tuot seis temp liber là ed ha s-chaffi cun ir dal temp our da lur chasa a Tschlin ün s-chazi da bellezza. Suot la chasa tanter las püttas esa reuschi da fabrichar oura amo üna seguond'abitaziun. Cun blers megldramaints esa stat pussibel dad ingrondir l'abitaziun e tilla far gnir plü confortabla. Uschè ha s-chaffi Roger culla tecnica da Tiffany amo bellas fanestras implü. Davo lur pensiun han els tut dmura stabla a Tschlin.

Natüralmaing meis hom

Id es da na crajer, ma id ha funcziunà! No vain survgni la plazza da posttenent a la posta da Susch, na plü precis! Na no, na eu! Curadin es gnü tschernü eir sainza avair fat ün giarsunadi. Pero uossa in davorouda. Eu deira qualifichada. Eu vaiva fat la scolaziun a Trübbach, la plazza da posttenenta nun haja survgni. In general vain tschernü ün hom per quist post. Duonnas vegnan scoladas be sco agüdontas. In tudaisch: „Postgehilfin". Al plü da tuot s'haja sco duonna üna schanza sch'ella deriva d'üna familigia plü prominenta. Da quel temp deira üsit, cha las duonnas faivan bainschi ün giarsunadi. Però l'unica carriera d'eira da's maridar bainbod e d'avair uffants. Eu vess schon gnü la cuaida da surtour uschè ün post. Eu d'eira giuvna e bondriusa. Mia mamma nu vaiva pero granda incletta per mias ambiziuns. Id es gnü sco chi'd es gnü. Marida cun Curadin, uffants e paura illa pauraria dals sörs.

Lura dal 1972 es gnüda scit'oura la posta da Susch. No abitaivan quella jada Zuoz. Curadin nu pudaiva plü cunitinuar culla pauraria pervia da sia allergia. Illa scoula da Zuoz vaina surtut la lavur da custodi. Sà ch'eu vaiva fat la scolaziun pro la posta m'interessaiva la plazza. Implü am vess plaschü il cumün da Susch. Ün lö central immez l'Engiadina. Ma eir la paja d'eira in congual cun Zuoz plü atractiva. Cumbain ch'eu vaiva fat duos jadas üna experienza negativa in ün oter lö, laiva eu quista jada far plü bain. In ün telefon cun sar Hartmann, chef dal persunal illa direcziun da la posta a Cuoira, n'haja vuglü savair chi chi stuvess s'annunzchar. Eu sco agüdanta scolada o meis hom sainza scolaziun?

La resposta d'eira clera: natüral seis hom. Seis hom ha buna schanzas da gnir tschernü cun üna duonna qualifichada. In Grischun nun ha üna duonna grondas schanzas. Quai nun es sco a Turich o Basilea, qua vala amo la tradiziun. Ella sco duonna qualifichada cugnuoscha la lavur. No, da la posta nu controllain chi chi fa la lavur.

Uschè esa eir dvantà. Cun Curadin esa gnü fat il contrat. Als 1. schner 1973 ha'l cumanzà sia plazza. In seis nom es gnü fat ün conto per la paja. Per el esa gnü pajà aint illa chascha da pensiun. Natüralmaing vaina fat la lavur insembel. Curadin ha surtut la distribuziun da la posta e'l servezzan süllа staziun. Mia lavur d'eira al fanestrigl, il quint dal mais e la contabilità. Curadin s'ha adüna dostà dad imprender a far il quint dal mais. Natüral cha no ans vain substituits schi faiva dabsögn. Impustüt vaiva Curadin il prüm fadia culla lavur da büro e cul fanestrigl.

Uschè d'eira quai dal 1973. Pac avant vaivan las duonnas bainschi surgni il dret da vuschar. Ma in blers reguards nu vaivan las duonnas amo adüna na ils istess drets. Per exaimpel nu pudaivan ellas suottascriver sainza il permiss da l'hom ingüns contrats o rivir ün conto pro üna banca. Suvent am gniva avant sco üna giarsuna chi nu pudaiva decider svessa, eir sch'ella savaiva tant co'l patrun. Sgüra cha Curadin nu's deportaiva sco ün patrun, el nu d'eira il professiunal. Cur cha la direcziun da posta faiva inspecziun in büro, schi l'inspecter trattaiva cun mai. Mia incumbenza d'eira da render quint e da declerar tuot. Curadin das-chaiva lura suottascriver il protocol.

Düront ils duos ons 1957/58 n'haja fat rimplazzamaints in divers büros in tuot la Svizra e cun quai cumprovà mias competenzas. Sün la tscherna a Susch nun ha quai gnü ingün'influenza. Che pussibiltats vaiva eu in quistas structuras, in üna tradiziun chi gniva dominada da reglas masculinas? Eu m'ha adattada. Pel solit.

Quant dominant cha la tradiziun masculina d'eira, n'haja badà amo üna jada da l'on 1995. Davo mia separaziun da Curadin, n'haja vuglü cumprar ün'abitaziun a Scuol e per far quai n'haja dovrà il permiss per scrit da meis hom (no nu d'eiran amo divorziats). La via da l'egualisaziun tanter hom e duonna es lunga e stantusa. I valan bainschi las ledschas, mo la pratcha nu correspuonda adüna.

Ester a Susch

Süllа posta pudaiva muossar quai ch'eu vaiva imprais. Ed a Susch ans laivna chattar da chasa. Plan a plan ans vaina drizzats aint. Eu vaiva temp avuonda per meis uffants, per la chasada e per far mia lavur sülla posta. A Curadin plaschaiva la lavur da postin. El d'eira bainvis pro la populaziun. Seis möd social d'eira fich acceptà. L'abitaziun cha no vaivan tut a fit d'eira tuot in uorden, be ün pa stretta e plütost sumbrivainta. Plan a plan es nada l'idea: Perche na fabrichar üna chasa? Immez il cumün vaina chattà ün plazzal da fabrica.

Il credit da fabrica d'eira magari ot, quella jada. No staivan pajar 7 %. Però scha'l cumün acceptaiva nossa dumonda, daiva üna reducziun da 2 %.

Quist acconsentimaint d'eira important per la finanziaziun. Sch'eir la radunanza cumünala acceptaiva, schi'l chantun as partecipaiva eir vi dals cuosts. Eu n'ha preperà tuot la documainta. N'ha trattà e discus cullas differentas instanzas. Fin finala ans vaina pudü abinar cul cumün e culla banca. Qua n'haja fat las medemas experienzas sco culla tscherna pro la posta. Vairamaing d'eira Curadin il patrun da chasa e las trattativas vess el stuvü manar. Il fabricat es gnü scrit aint il cudesch fundiari suot seis nom.

El d'eira possessur e staiva suottascriver tuot ils contrats. A mai nun appartgnaiva nöglia.

I'ns d'eira gnü ad uraglia chi detta in Engiadina üna gruppa da lavuraints chi fabrichaiva impustüt pels paurs, ma eir per privats stallas ed eir chasas. Lur onurari gniva pajà ad uras. Il patrun da fabrica staiva pisserar svessa per tuot l'organisaziun. Il schef da quista gruppa d'eira ün Engiadinais e no til cugnuschaivan. Per l'allogi valaiva la seguainta regla: Els lavuraivan 11 uras al di e no tils pajaivan 10 uras ed ün'ura giaiva a favur dal mangiar e'l durmir. Quist möd da fabrichar gniva resguardà da la publicità cun gronds dubis. Eir las impraisas da fabrica da la val as sentivan concurrenzadas ed han perquai refüsà da'ns furnir il material da fabrica. Quai ans ha sforzà da retrar tuot il material our dal Vnuost. „Retrar las subvenziuns in Svizra schi, ma la lavur fan els per uschè dir svessa..." Quai vaina stuvü dudir. „E lapro suna impiegats dal stadi", blastemmaivan blers e nu pudaivan incleger co cha no vaivan organisà nossa fabrica.

Noss lavuraints, per gronda part dal Tirol dal süd, d'eiran fich diligiaints. Els vivaivan in nossa famiglia. La saira davo tschaina gniva fat plans pel di davo e discutà che lavur chi ha la preferenza. Els ans han eir pudü infuormar ingio cha no possan retrar material da buna qualità our il Vnuost. Il temp da fabrichar es stat fich pretensius e dotà cun blera lavur. Curadin d'eira permanentamaing preschaint sülla plazza da fabrica. Seis grond ingaschamaint e sia collavuraziun vaiva üna granda influenza sülla finanziaziun. Tuot sia lavur giaiva a si'aigna favur. Eu d'eira dürant quel temp occupada a far il servezzan da posta, pisserar pels uffants, la chasada e la cuschina. Meis bap d'eira elctricist ed ha pudü surtour bod sulet tuot las installaziuns, quai chi ha eir güdà a diminuir ils cuosts.

A la granda festa da metter sü „il bös-chin" d'eiran invidats dasper tuot quels chi'ns han güdà, natüralmaing eir buns vaschins ed amis. Blers han predschà nossa lavur. Oters varan amo adüna dubità cha quai possa ir bain. No d'eiran – mai quai nu tuorna – impustüt eu d'eira ün pa differenta dals indigens. Curadin d'eira adüna amiaivel. El cumadaiva dafatta maschinas e motors, schi faiva dabsögn. El d'eira versià cun maschinas agriculas e faiva da tuotta sorts buns servezzans, pel solit per „grazcha fich". Ad el vaiva la glieud jent. Eu d'eira oter. Eu nu d'eira adüna buna da taschair, sch'alch nun am giaiva per strada. Taschair ed am adattar nu d'eira per mai adüna simpel. Impustüt cullas instanzas e cul capo da cumün am laschaiva aint jent in discussiuns contradictorias. Insomma, eu d'eira per blers üna persuna malcumadaivla. Per exaimpel am vaiva fich agitada, causa cha'l capo preferiva da tegner il discuors dals 1. avuost in tudais-ch per agradir als turists da lingua tudais-cha. Rumantsch es per no tantüna noss'identità. Ignorar quist fat güst als prüms avuost, quai am paraiva alch da l'impussibel. Quista dischillusiun n'haja fat palais cun bler „ramadam". Natüralmaing cha quai es stat ün grond disturbi ed es gnü tut in mal. Per blera glieud d'eira eu ün'„emanza" impertinenta!

Nos minchadi a Susch d'eira per part ambivalent. In general d'eira la glieud a Susch amiaivla. Cha no sajan esters, da Strada, esa però listess gnü comunichà plü d'üna jada. No'invezza ans chattaivan in general bain, vaivan üna buna plazza da lavur ed üna chasa nouva. No nun ans tegnaivan adüna via da las normas, mo eir eu sun adüna statta pronta da m'ingaschar per la generalità. Uschè suna gnüda tschernüda davo pacs ons sco presidenta dal cussagl da scoula dal consorzi Sur Tasna ad Ardez. Eu n'ha gnü l'iniziativa da fundar üna scoulina per Susch / Lavin. Cul agüd da la „Schweizer Berghilfe" es quai eir gratià. Dürant ün pêr ons n'haja eir sunà l'orgel da baselgia. In quels reguards giodaiva la buna collavuraziun, però sch'eu am permettaiva da critichar alch, impustüt invers ils homens, nu gniva quai acceptà. Las duonnas vaivan da taschair! Quai d'eira la devisa quel temp. Uschè as pudaiva dvantar ester in seis agen cumün.

Pür our d'üna tscherta distanza n'haja badà quant naïva ch'eu d'eira da quel temp. Quella jada d'eira quai in uorden, cha Curadin es gnü tschernü sco posttenent a la posta da Susch sainz'avair fat üna scolaziun. Eir cha la chasa fabrichada d'eira scritta aint il cudesch fundiari suot il nom da Curadin e cha a mai nun appartgnaiva inguotta. Insomma ch'eu d'eira quella chi ha adüna fat oura ils nufs cur chi daiva difficultats. Pür cun ir dal temp am sun gnüdas consciaintas quistas ingüstias.

Cun m'algordar da tuot quistas istorgias veglias n'haja badà quant sensibel ch'eu sun dvantada cun ir dals ons invers robas ingüstas ed absurdas. Fingià quella jada n'haja badà quant difficil chi'd es da's far valair sco duonna in structuras masculinas.

Pro la fabrica da nossa chasa vaiva il cumün provà da proibir da fabrichar oura il palantschin. Il motiv nu'ns d'eira cuntschaint. Meis agir vaiva suvent il surnom „quists cotschens" o „Schmarotzers"! Quai am vaiva fich feri. Bler n'haja simplamaing acceptà, eir per na cuntradir a Curadin. El as laiva adattar e na provochar dispitta. Eu n'ha suvent tragus e taschü. Quai chi ha gnü plü tard consquenzas psichosomaticas. Curadin ed eu ans vain distanziats vi e plü. Dad el nu pudaiva spettar ingüna solidarità. Anzi, el vaiva l'idea cha meis möd haja ruinà nossa acceptanza in cumün. Tanter oter ha quai eir occasiunà la navruotta da nossa relaziun.

1975 Fabrica da la chasa a Susch

Duonnas chi nu fan be s-chagna

Tuot chi discurriva da l'interrupziun da la gravidanza. In Svizra ün fat chi staiva suot chasti. Per bleras duonnas d'eira l'ultim refügi dad ir in Ollandia. In blers circuls publics ed eir in circuls da baselgia gniva discutà il pro e'l contra. I d'eira l'on 1974 cur cha la sinoda laiva discuter sur da quel tema. La sinoda chi consistiva bod be dad homens laiva discutar sainza integrar eir a las duonnas illa discussiun. Sur da quist fat m'haja grittantada.

A Kirsten cugnuschaiv'eu fingià d'ün temp nan. Ella derivaiva da la Danemarca, d'eira maridada cun ün ravarenda dal Grischun ed abitaiva a Zuoz. Cun ella laiv'eu discutar sur da quist fat. Per telefon es naschüda l'idea da fuondar üna gruppa da duonnas chi s'interessa per temas da duonnas. Illas reuniuns da duonnas tradiziunalas nu d'eira per exaimpel l'abort ingün tema, neir la dumonda da la dominanza dals homens pro decisiuns politicas o cur chi's trattaiva da bsögns da duonnas. Illa discussiun cun Kirsten es naschüda l'idea da fuondar üna gruppa da duonnas ingio chi nu vöglian be far s-chagna, dimpersè chi voul s'ingaschar per ils drets da duonnas. Lair influenzar a societats da duonnas chi d'eiran düsadas a far lavurs da man ans paraiva inütil. In quels circuls regnaiva ün purtret da da la duonna fich tradiziunal e conservativ. Las bleras duonnas i'ls cumüns chi appartgnaivan ad üna società da duonnas tradiziunala, gnivan fich stimadas dals homens, ma eir da las duonnas. Duonnas chi nu s'ingaschaivan illa üsitadas societats d'eiran ün pa suspectas. I'ns d'eira cler cha no füssan externas chi nun toccan pro e l'abort nu d'eira ün tema per duonnas.

Kirsten ed eu vain tscherchà il contact cun duonnas chi vaivan ün pensar sco no. Nossa prüma reuniun ha gnü lö l'utuon dal 1974. No d'eiran in set duonnas. Bod tuottas da quellas gnüdas nanpro. Be eu d'eira da derivanza grischuna. Subit davo la prüma reuniun ans d'eira gnü cler cha no stessan scriver üna charta averta a la sinoda. No d'eiran da l'idea chi füss inacceptabel scha la sinoda tratess quist tema sainza discuorrer cullas duonnas. Medemmamaing d'eiran no da l'idea dad organisar üna acziun da suottascriver üna charta cumünaivla. Plü bleras suottascripziuns e meglder chi füss. Minchüna da no ha tscherchà il prüm in seis agen ravuogl e plü tard eir pro cuntschaints cha no supponaivan ch'els füssan da noss' idea. Davo ün pêr eivnas vaivna insembel passa 300 suottascripziuns, las plü bleras da l'Engiadina.

Pro quist'acziun d'eira l'hom da Kirsten ün bun agüd. Sco ravarenda faiva el part da la sinoda e savaiva co cha quella funcziuness. El nu faiva seis servezzan in üna raspada, dimpersè d'eira magister da religiun. Sco commember

activ dal parti socialdemocratic ans ha'l eir güdà a formular la charta. Sco termin per trametter la charta vaina tschernü il di da l'avertüra da la sinoda dal 1975 a Tavo Laret. Quai ans es reuschi da motivar a tuot las gazettas importantas dal chantun da publichar al medem di nossa charta. Perfin il radio rumantsch ha publichà üna notizcha. Quai es stat per no ün grond success. No gnanca svess nu vessan fat quint cun uschè ün grond rebomb.
La sinoda s'ha chattada inaspettadamaing suot grond squitsch. Da prüma davent vaina gnü indirectamaing influenza süllas discussiuns. Tantplü cha l'abort es dvantà in quels dis il tema nomer ün. Noss'acziun ha promovü la discussiun publica. Commembers da la sinoda han tut posiziun dschond cha las duonnas nun hajan ingün dret da s'intermetter ed as masdar aint in temas chi resguardan la sinoda. Implü faiva valair la sinoda cha las inizianto sajan stattas anonimas, adonta cha las iniziantas vaivan suottascrit sco prümas.

La gronda reacziun aint il public ans ha motivà da cuntinuar cul tema ed organisar in divers lös sairadas publicas cun partizipaziun contradictorica. D'üna organisaziun dal chantun Berna ans esa gnü miss a dispusiziun ün film sco basa da discussiun. Eir meidis e ravarendas da la regiun han tut part a las sairadas. Las discussiuns d'eiran suvent emoziunalas. Bleras jadas vaina gnü da dudir che miserablas mammas e duonnas cha no füssan. Però eir reacziuns positivas ans han suvent motivà da far inavant. Las sairadas nu finivan adüna cun ün consens. Però adüna cull'experienza chi detta differentas ideas sur dad ün tema. La votumaziun dal 1977 ha bainschi refüsà l'iniziativa per la soluziun da termins. Però no duonnas nu vain rasegnà. Anzi, quista decisiun ans ha motivà inavant da'ns masdair aint eir in avegnir illa politica.

Per no duonnas chi nu laivan be far s-chagna es statta quista lavur illa politica da duonnas ün process important. Uschè vaina cumanzà cun pitschens pass nossa via ill'emanzipaziun. L'interess dal public d'eira nos success. Per mai es statta quista experienza da m'expuoner cun mi' idea publicamaing ün pass important in meis svilup.
Las duonnas chi nu laivan be far s-chagna han existi amo 10 ons implü. Our da las set duonnas chi vaivan cumanzà sun dvantadas cul temp ca. 30. Plü tard haja dat üna secziun Engiadina'Ota ed üna secziun Engiadina Bassa. Dasper l'ingaschamaint politic ans vaina fuormà inavant cun litteratura e cuors. Da temp in temp vaina invidà a referents, per exaimpel Urs Strahm, vain let insembel il cudesch „Familienkonferenz" da Thomas Gordon. Nos agir es dvantà plü sensibel. No vain inclet ils connexs tanter dumondas da nudritüra ed economia e'ns vain occupadas eir cun dumondas dal terz muond. Però eir ils bels aspets da la vita vaivan lur importanza, sco ballar, festagiar, meditaziun e recipir a sai svessa. Pro tuot quistas activitats d'eira drizzà nos focus sül tema duonna. Eir la dumanda co cha duonnas in pajais esters vivan lur esser duonna. Davo 10 ons d'experienza cumünaivla d'eirna fortifichadas. Quai d'eira eir il mumaint da surtour caricas publicas, sco cussagl da cumün o cussagl da scoula. Per exaimpel sun eu gnüda tschernüda sco manadra da la scoula da musica e sco cusgliera da baselgia pro la Baselgia chantunala. E quai adonta ch'eu am vaiva ingaschada ill'acziun vers la sinoda a reguard l'interrupziun da la gravidanza e na adüna cun üna tenuta politica conforma.

Eu sa nodar

Eu vaiva fingia 50 ans cur ch'eu n'ha imprais a nodar. Düront mia infanzia nu's cugnuschaiva quels divertimaints. In Engiadina Bassa nun existiva amo ingün bogn public. Sco matta sun eu bainschi statta in visita pro Heidi a Horn al lai Bodan. Natüralmaing eschna eir idas aint ill'aua. Quai chi am faiva fich plaschair. Però eu guardaiva adüna dad avair il fuond suot ils peis. Cull'aua fin pro la schnuoglia d'eira buna da'm divertir, tuot tschai am faiva temma. Sco matta n'ha eu resenti l'aua suvent sco imnatscha. L'En d'eira ün flüm violent ed a no uffants d'eira proibi da giovar a sias rivas. La dumengia giaivan no suvent cun noss genituors pro'ls fops in vicinanza da l'En. Là faivna picnic in ün bel lö, ingio cha no pudaivan giovar cull'aua e cul sablun. Perfin là d'eirna survagliats da noss genituors.

Ün evenimaint traumatic n'haja passantà ill'età da ca. dudesch ans. Sül retuorn da l'Austria, ingio cha da quels ons d'eira per no, chi vivaivan al cunfin, üsit dad ir oura Fond a far cumischuns, minchatant a tagliar ils chavels e perfin pro'l daintist. Cun gnir a chasa vaina vis cha vers la Svizra gnivan giò prunas sajettas ed al Vinadi ha quai cumanzà a plouver sco ün orcan. Dadaint las gallarias esa gnü giò davant no üna bouda e be cun dar gas esa reuschi a meis bap da traversar la bouda. Ma pac toc plü inaint vaiva üna seguonda bouda cuvernà tuot la via. Uschè cha no vain stuvü fermar l'auto. Subit ha provà meis bap dad ir inavo. Ma intant d'eira eir la bouda davo no uschè gronda cha no d'eiran serrats aint tanter tuottas duos. Subit han provà meis genituors da chaminar suravia. Ma invanamaing, els sfuondraivan fin pro la schnuoglia aint illa belma. Ün pa schoccats vaina il prüm mumaint stübgià che cha no pudessan far. In mincha cas e per gronda furtüna ingün nu d'eira feri. Intant chi plovaiva nu'ns esa restà oter co da spettar sperond cha'l temporal as retira. Intant d'eira gnü s-chür. Planet haja rafüdà da plouver. Plajats aint in cuertas vaina cumanzà a chaminar sur la bouda via. Intant d'eira la belma gnüda ün pa plü düra, uschè cha davo ün pêr uras eschan rivats san e salvs a Martina. Ün ami da meis bap ans ha lura manats cul auto a Strada, schoccats ma frischs e sans. Trais dis plü tard vaina pudü manar nos Renault sainza dons a chasa.

Dürant ils ans 80 ha mia lai cun Curadin subi üna crisa. Eu faiva mia lavur per mia famiglia, cuschinaiva, puliva e lavaiva sco chi's soula far. Ma eu nu d'eira cuntainta. Ils uffants d'eiran intant dvantats creschüts. Eu laiva provar oura eir amo otras robas. La collavuraziun cun otras duonnas vaivan svaglià meis interess eir per la politica e per dumandas chi vaivan dachefar cun duonnas. Meis hom nu vaiva plaschair da meis interess. El nu laiva ingünas müdadas. Uschè sco chi d'eira til plaschaiva quai. Ad el faiva difficultats meis möd da m'expuoner. Sia idea d'eira quella da s'adattar a la situaziun. Cur ch'el ha lura üna jada let meis diari as ha nossa crisa ingrondida. Vi d'üna consultaziun da lai nu vaiva Curadin ingün interess. Uschè ch'eu n'ha svessa tscherchà ün sustegn psicologic.

Mia terapeuta ha subit badà ch'eu sun amalada e ch'eu drovess urgiaintamaing ün inviamaint tras il meidi da chasa per avair ün sustegn da la chascha d'amalats. Causa cha meis meidi da chasa ha refüsà ün attest n'haja pajà svessa la terapia. Düront mia terapia es madürà l'idea da provar oura nouvas robas e nouvas ideas, per las qualas mancaiva fin uossa il temp o il curaschi. Per exaimpel n'haja decis dad imprender a nodar. Culla famiglia eschna bainschi qua o la stats al mar. Meis inscunter cull'aua tendschaiva però be fin pro la schnuoglia. Uschè d'eir'eu restada cun quist elemaint adüna be sün distanza.

A Zernez existiva daspö ün pêr ans un bogn cuernà. Uschè m'haja decisa da tour uras da nodar pro sar Wilde. Üna jada l'eivna m'introdüaiva sar Wilde i'ls exercizis da nodar. Bain svelt n'haja superà la temma e n'ha chattà la fiduzcha i'l elemaint aua. Eu m'algord amo bain da mia supraisa cur ch'eu n'ha fat ün sigl aint il bogn, ida a fuond e davo pac mumaint, sainza ingün sforz darcheu rivada a la surfatscha. Üna buna experienza. Uschè n'haja imprais a nodar! E la temma da l'aua s'ha diminuida. Bainbod nu dovraiva plü il sustegn da meis magister da nodar. Ir a nodar es dvantà per mai alch important. Qua pudaiva invlidar meis pissers e las difficultats cun Curadin.

Imprender a nodar es stat be il prüm pass da'm chattar a mai stessa. Düront quel temp es nada la decisiun da far amo üna scolaziun. Üna bun amia m'ha rendü attent sülla academia da fuormaziun per creschüts a Lucerna. In quista scoula as pudaiva far davo trais ans ün diplom chi d'eira arcugnuschü in tuot la Svizra. Fingià da giuvna vess eu gnü il desideri da dvantar magistra. Mia mamma nu d'eira da quell'idea, pensond ch'eu am maridarà inamöd bainbod. Uossa vaiva eu la pussibiltà da realisar quist giavüsch davo trent'ons. La premissa da pudair as partecipar a quist institut d'eira d'avair fat üna scolaziun professiunala ed ün discuors d'admissiun. Cun gronda fiduzcha suna ida a Lucerna per quist discuors. E lura n'haja stuvü spettar e spettar e spettar. Pel cumanzamaint gnivan tut sü be 25 persunas. Quai ha dürà bod ün an fin ch'eu n'ha surgni resposta. Però lura haja funcziunà.

Eu d'eira tutta sü illa classa e n'ha pudü cumanzar dal 1988 mia scolaziun. Uossa d'eira meis ritem buollà da l'„Akademie für Erwachsenenbildung" a Lucerna. Mincha mardi a bunura partiva cul tren da las ses (quella jada sainza Vereina). Davo 6 1/5 uras viadi cumanzaiva l'instrucziun da las 13 h fin las 18 h. Per tuornar staiva star sur not pro amis a Turich. Al marcurdi a mezdi d'eira darcheu a chasa. Las preparaziuns e lezchas faiva la saira e la fin d'eivna. La materia da stüdi am fascinaiva. Am occupar cun dumondas pedagogicas d'eira alch nouv per mai, ma eir alch inspirativ. Impustüt sociologia e dinamica da gruppas e natüralmaing temas da duonnas m' interessaivan fich. Ün grond plaschair am faiva da preparar e manar tras cuors. Minchatant gniva üna docenta da Lucerna per am cusgliar e valütar mia lavur.

Üna importanta premissa per far quista scolaziun d'eira d'avair ün agen chomp d'operiusità per pudair pratichar sia lavur. Quai es stat per mai la Scuntrada e fuormaziun Ladina(SFL). Là n'haja pudü lavurar sün meis chomp predilet. Cun ir dal temp s'ha augmantà la sporta dal SFL da 5 cuors sün ca. 30 cuors. Eir aint il ravuogl da baselgia n'haja pudü organisar per exaimpel cuors da comunicaziun. Ün'otra sparta es statta quella da güdar a fabrichar sü la Scoula da musica Engiadina Bassa/ValMüstair. Quai es plü o main capità sün basa voluntaria, cun exepziun da la Scoula da musica. Pro tuot quistas acziuns am n'haja suvent sentida sco büttada aint ill'aua fraida. Eu n'ha surtut tuot las sfidas cun plaschair ed ingaschmaint. Sch'eu pens inavo hoz a tuot quellas activitats, am dumanda minchatant co ch'eu n'ha miss tuot suot ün chapè. Tuot quai ch'eu n'ha scuvert in quel temp d'eira per mai nouv. Eu n'ha tschütschà sü tuot las nouvas experienzas sco üna spunga. Uschè n'haja bler tut davo, quai, cha fin là nu d'eira stat pussibel.

Fin ch'eu n'ha fat quista scolaziun am sentiva ün pa limitada in mia vita. Meis intent d'eira da schlargiar meis horizont. Da'm liberar da convenziuns e reglamaints chi d'eiran tenor mia idea strets. Eir n'haja miss in dumonda las rollas tradiziunalas, impustüt da las duonnas. Eu vaiva eir la vöglia da dar inavant robas ed ideas ch'eu vaiva scuvert. Düront ils ans 80 regnaiva üna tscherta avertezza invers ideas nouvas. Per exaimpel la Scoula da musica vaiva fat ün cresch da scolars da ca. 70 sün ca. 500. Glieud d'utro s'ha domiciliada in Engiadina, quai chi ha dat minchatant ün nouv vent. Üna pussibiltà dad animar eir ad otras persunas dad imprender a nodar our da la strettüra d'ün muond limità.

1941 Flurinda cun genituors

Ils ons da matrimoni

No vain passantà ün bun temp insembel, Curadin ed eu. No ans cognuschaivan fingià daspö la scoula. Dal 1958 - eu vaiva s-chars 19 ons - ans vaina inamurats. Ün on plü tard ans vaina fat spus, e dal 1960 vaina fat nozzas. Per mai d'eira quai eir üna deliberaziun da la dominanza da mia mamma. Cun Curadin laiv'eu fabrichar alch nouv. Avair üna famiglia, üna aigna chasada, avair uffants.

Meis hom d'eira paur, ün uman fich indschegnaivel in tuot quai ch'el faiva. Però el nu vaiva imprais ingün manster. No vain surtut la pauraria da seis genituors. Ils prüms trais mais vaina vivü insembel in chasa. Per mai nu d'eira quai be uschè simpel. Üna nouva famiglia cun sias aignas structuras e lur agen möd da viver e da pensar. Viver in üna nouva chasada cun üna söra exemplarica! La pitschna pauraria nu tendschaiva per viver. Curadin surpigliaiva amo otra lavur a l'extern per avair amo üna pussibiltà d'ün guadogn implü. Eu d'eira da prüma davent integrada illa pauraria ed illa chasada, predestinada da m'adattar e funcziunar.

Düront nossa lai sun nats trais uffants, duos figlias ed ün figl. Eu d'eira cun zeli mamma, chasarina e sperapro paura. Meis hom d'eira lavurius, spargnuoss ed ün bun bap per meis uffants. Ad el bastaiva quai. Eu d'eira plütost quella chi vaiva fantasias e cun blers plans per l'avegnir. Ed eir adüna pronta per provar oura alch nouv. No faivan eir ün pa vacanzas, adonta dad esser paurs. Almain ün'eivna l'on giaivna in viadi culla tenda. In Austria, al „Fernsteinsee" e perfin a Salzburg ed in Italia al mar. Per paurs d'eiran ün'eivna vacanzas lungas. Ma no ans organisaivan adonta da la pauraria. No invidaivan suvent ad amis e giaivan eir cun quels in viadi. Eu d'eira in mincha cas suvent l'inizianta da quists evenimaints.

Ün dals bels evenimaints es stat nossa collavuraziun giò'l Friaul, ingio cha no ans vain partecipats cun tuot la famiglia a fabrichar sü pitschnas chasas davo'l terratrembel. Prunas chasas d'eiran devastadas uschè cha'l champ grischun ha fat ün'acziun düront tuot la stà. A favur da la glieud attempada sun gnüdas fabrichadas diversas chasinas per seniors chi vaivan pers lur dachasa tras la devastaziun dal terratrembel. Per no es quai stat ün'experienza unica chi ha inrichi nossa vita.

Dal 1970 vaina decis da fabrichar sün „Plan da Gisep", sur Tschlin üna chamonna. Amo dal temp cha no d'eiran paurs faivna cul fain sün quella prada. Ed uossa vaina pensà cha quai füss eir ün bel lö per giodair. Barba Giovanin ans vaiva cusglià ed instrui co chi's piglia per mans üna tala lavur. El ans ha accumpagnà düront tuot il fabricat ed ha lavurà cun no. Quai es stat üna drett'aventüra chi'ns ha occupats circa düront duos stads. Per noss uffants ün temp intensiv plain nouvas scuvertas. Impustüt eir a far l'experienza co ch'üna chamona dvainta pass a pass realtà.

Davo ün per ons sco custodi illa scoula a Zuoz vaina pudü surtour la posta a Susch. Nossa famiglia funcziunaiva bain. No partivan la lavur e vain fabrichà una chasa. Vers inoura tuot paraiva dad esser in uorden. Quai es i bain fin cha noss uffants han cumanzà lur scolaziun professiunala ed han planet tut cumgià da lur chasa paterna. Vieplü n'haja badà cha vairamaing d'eiran els quels chi daivan a no ün sen a la vita. Uossa d'eiran els plü suvent absaints e giaivan lur aignas vias. Eu am dumandaiva co cha quai giarà inavant?

Dal dal 1975 vaina amo fabrichà üna chasa. Vain fat amo la posta insembel ed amo bleras otras robas. Per mai d'eira quai ün pa pac. Eu m'ingaschaiva voluntariamaing in diversas caricas e d'eira eir interessada che chi capita sül chomp politic. A meis hom faiva meis ingaschamaint fadia. El faiva sia lavur e nu s'interessaiva per otras robas. Eu laiva impè müdar minchatant alch e provar da s-chaffir ün nouv vent eir pro no. Eu nu d'eira buna da dir dapertuot be „schi ed amen“ e taschair. Il mal d'eira cha Curadin ed eu nu d'eiran buns da discuorrer sur da nossas differenzas.

Guardond inavo pensa ch'eu til n'ha suvent surdumandà e nu n'ha resguardà seis bsögns. No duos d'eiran per strada cun differents temperamaints. El d'eira plan e prudaint in seis far ed eu plütost cun bleras energias. E lura ans vaina pers our dals ögls.

Curadin d'eira ün bun partenari chi lavuraiva bler. Però a mai mancaiva ün tschert sustegn per quai chi d'eira per mai important. El nun am daiva sustegn ed arcugnuschentscha per meis ingaschamaint e meis pensar, dimpersè provaiva da'm frenar e tegner inavo in meis ingaschamaint ed in mias ideas. No vain taschü tuots duos e vain cumanzà a viver ün dasper tschel via. La cumünanza s'ha persa e la situaziun s'ha escalada ad üna crisa. Davo desch ons da crisa n'haja decis da'm separar dad el. Meis meidi da chasa a Zernez am vaiva fingià d'ün temp nan averti da müdar alch vi da mia vita.

Eu nu laiva gnir veglia in üna tala noscha atmosfera e m'ha separada davo 32 ons da lai. Da tschella vart vaiv'eu gronda fadia da far quist pass. Eu vaiva temma ed am sentiva cuolpabla. Quai am giaiva cunter il strich da na esser buna da survendscher quista situaziun. Davo cha gnanc' üna cussagliaziun nun ha güdà, ans es restada be la separaziun.

Uossa as trattaiva da chattar ün allogi. Illa gazetta n'haja scuvert ün inserat per üna pitschna abitaziun oura Grüsch. A mai paraiva quai üna buna soluziun.Tantplü cha cun üna tscherta distanza pudaiva sviar oura a las dumandas e las ögliadas da la glieud. Eu dovraiva distanza. Meis plü grond giavüsch d'eira da'm zoppantar ün pa e chattar la quietezza.

Sün mia dumanda e meis interess per l'abitaziun a Grüsch n'haja stuvü constatar cha mias finanzas nu tendschaivan per pajar quel fit. Però davo ün pêr dis am turmantaiva il buonder da verer listess quell'abitaziun. Pensand „verer nu cuosta nöglia“ sun ida a Grüsch. L‘abitaziun am paraiva per mai perfetta. Als possesuors n‘haja stuvü far cler cha per mai füss il predsch massa ot. La saira m‘ha surprais ün telefon da Grüsch. La famiglia Wieland m‘ha fat l‘offerta da sbassar il fit per 300 frs. Che surpraisa! Unicamaing am decider vessa stuvü plü svelt pussibel. Natüralmaing n‘ha eu acceptà quista sporta sainza savair co tilla finanziar. Il di davo n‘haja tut tuot meis curaschi e n‘ha visità a mia mamma. Sainza gronds comentars m‘ha ella dat seis sustegn. Dal 1992 in favrer n‘haja cumanzà ad abitar in mia abitaziun a Grüsch!

Il temp chi segua es stat ün temp difficil per Curadin e per mai. Cun bleras doluors e malinclettas. Eu sun ida mia nouva via pass per pass dad üna vart cuntainta, ma eir cun gronda tristezza. Ils dubis m‘accumpagnaivan minchadi insembel culla dumanda: „Perche nun esa gradgià da schoglier in bain? Da tschella vart n‘haja badà cha quista nouva situaziun cun mia aigna abitaziun, mia nouva professiun, cun meis agen auto e mia libertà d‘eira dvantà ün inrichamaint.

Duos ons n‘haja vivü a Grüsch. Eu lavuraiva amo adüna almain duos dis l‘eivna sülla posta a Susch e 1-2 dis illa scoula da musica. Quella jada il viadi cul auto sur il pass dal Flüela, impustüt l‘inviern, d‘eira ün pais. Il tunnel dal Vereina es stat fini pür dal 1999. Uschè n‘ha eu tut allogi dal 1994 illa chasa da meis genituors a Strada chi d‘eira intant vöda. Bundant ün on plü tard m‘esa stat pussibel da cumprar üna pitschna abitaziun a Scuol. Dal 2002, davo 10 ons da separaziun ans vaina divorziats.

La mürina dvainta cusgliera da baselgia

„Da la mürina a la cusgliera da baselgia!“ Cun quists pleds ha commentà meis vegl ravarenda Rudolf Bezzola mia tscherna aint il ravuogl dal Cussagl da baselgia chantunal. Cun üna tscherta superbgia ha'l repeti quist nom da charezza illa sinoda a Jenins, cul qual el avant bod 50 ans ha titulà a mai ed a mia conscolara Anna Famos cur cha no d'eiran in prüma classa a la scoula Strada-Martina. Anna ed eu sezzaivan insembel in banc e d'eiran las duos plü pitschnas da la classa. Per ravarenda Rudolf Bezzola d'eiran no duos illa scoula a S-chadatsch las mürinas.

Cha our dad üna da las mürinas dvantess üna jada üna cusgliera da baselgia, nu varà'l mai fat quint. Ma quai d'eira la realtà. L'utuon dal 1992 m'ha il grond Cussagl da baselgia a Cuoira tschernü i'l prüm scrutin sco cusgliera da baselgia. Cun quist resultat nu vess eu mai fat quint. I'ls ögls da blera glieud d'eira eu adüna amo üna tscherta „Emanza". Eu am vaiva dals ans 70 ingaschada ferventamaing per la liberalisaziun da l'abort e suottascrit sco üna da las prümas la charta averta a la sinoda. Eu d'eira eir uschigliö cuntschainta sco persuna cun ün spiert da cuntradicziun. Però i's varà müdà alch. Inschinà nu füssa gnüda tschernüda.

Proponüda suna gnüda dal Colloqui d'Engiadina Bassa. Però i s'ha fatta valair opposiziun: Üna seguonda candidata dal Colloquium da l'Engiadin'Ota. Duos candidatas da las vals dal süd nu d'eira alch solit. Mia cuntercandidata es eir gnüda tschernüda, ma pür cul seguond scrutin. Nossa collavuraziun s'ha però sviluppada bain e quai sainza problems. No'ns vain respettadas e vain gnü üna buna collavuraziun, eir scha no d'eiran fich differentas.

Meis ingaschamaint illa baselgia deira da prüm innan üna part da mia vita. Fingià d'uffant giaiv'eu cun plaschair ad uras da religiun. Dumandas da la cretta m' interessaivan. Eu m'algord ch'eu am participaiva cun grond interess a las uras da confirmaziun. No vaivan ün ravarenda chi d'eira bun da svagliar l'interess. Impustüt il champ da confirmants insembel culs confirmants da Sent aint in S-charl ans es restà üna vit'intera in bun' algordanza. Quella jada d'eira amo la via veglia. Tuot la cumpagnia s'ha missa in viadi culs skis cun sü pels ed üna buscha plaina vers S-charl. Nus vain passantà üna stupenda eivna insembel. Alch cha da quel temp nu s'inclegiaiva da sai. Blers discuors, gös e bler chant, ma eir dumondas da la cretta gnivan trattadas avertamaing.

Ravarenda Rainalter pisseraiva cha no hajan üna buna cumünanza. Amo intant ch'eu giaiva a scoula vaiv'eu surtut da sunar l'harmonium pel cult divin a Martina. Plü tard a Ramosch, vaiva das-chü sunar sco scolara la saira da bös-chin l'orgel da baselgia. Sco duonna creschüda n'haja surtut minchatant quella incumbenza.

A Strada d'eira eu gnüda eletta aint il consistori avant cha las duonnas vaivan il dret da vuschar. Mia tscherna i'l consistori a Susch d'eira plü problematica. Eu d'eira daspö ons delegiada da la raspada da Susch aint il Colloquium Engiadina Bassa, però aint il consistori nu gniva quai gnanca tut bler notizcha. Tschernüda sun eu pür gnüda cur chi nun han chattà inchün oter. Meis möd direct ha bainbod pisserà per differenzas.

Nos ravarenda Francesco Barba d'eira planet ill'età da pensiun. Causa ch'el deira rivà a Susch/ Zernez pür cur ch'el vaiva passà quaranta ons, vaiva quai per consequenza cha sia pensiun d'eira pitschna. Our da quel motiv vaiva il consistori decis da preschantar a la radunanza l'idea da surdar a F. Barba davo sia pensiun ün pensum plü redot illa raspada da Susch. Adonta da quista decisiun dal consistori ha il president ignorà quist fat ed interlaschà da metter avant a la radunanza. Il consistori ha bainschi badà la situaziun, ma nu's laiva exprimer. Vugliond eu tematisar quist fat a la radunanza, m'ha il president refüsà il dret da m'exprimer. Siond ch'eu nun ha pudü acceptar quist fat, am n'ha eu retratta subit dal ravuogl.

Pac plü tard sun eu gnüda eletta aint il Cussagl da baselgia chantunal. Il president dal consistori ha amo davo mia tscherna provà da'm metter in üna noscha glüm oura Cuoira. Però sainza success. Quellas chartas han be promovü ün squassar il cheu e tillas metter ad acta.

In mia nouva carica n'ha eu surtut il departamaint extern. Quai laiva dir: cultivar ils contacts culla Lia da las baselgias svizras (SEK), la Conferenza da las baselgias da la svizra tudais-cha (KIKO), la Conferenza da diaconia e tuot quai chi capitaiva dadour il chantun Grischun. La conferenza da las duonnas svizras deira güsta gnüda fundada. La n'haja stuvü surtour il presidi. La giunta da las duonnas as chattaiva üna jada al mais a Berna. Duos jadas l'on pigliaiv'eu part a las sezzüdas da la „Voce evangelica" giò'l Tessin sco delegiada da las vals talianas dal Grischun. Da s'ingaschar dasper las sezzüdas regularas per tuot quists ravuogls d'eira üna vaira sfida ch'eu faiva però cun grond interess.

Illa medemma tscherna sun gnüts tschernüts tschinch nouvs commembers i'l cussagl. Be il president e l'actuar d'eiran duos vuolps veglias. Siond cha no tuots d'eiran principiants, vaiva il president l'impreschiun da stuvair reagir be sainza consultar a no. Natüralmaing cha no ans vain dostats. Uschè cha davo ün tschert temp vaina chattà üna buna basa da lavur. Davo cha nos president ha dat giò seis uffizi, vaina gnü cul nouv president üna fich buna lavur productiva.

Eu m'algord amo fich bain da la prüma jada ch'eu vaiva da preschantar meis rapport a la sinoda. Per mai üna sfida da discuorrer avant tant ravarendas. Ma eu m'ha preperada fich bain e la chosa es reuschida. Reguard la conferenza da duonnas n'haja eir stuvü tour posiziun. Cun battacour e cun sustegn da mias collegas da la suprastanza vaina maestrà eir quista situaziun. Dasper la lavur da minchadi aint il cussagl sun stattas per mai la visita da la sinoda dals Valdais a Torre Pelice e la visita a l'inaugurazi-un da la biblioteca a Roma evenimaints importants.

Davo ündesch ans da servezzan m'haja retratta da meis uffizi. Ün on plü bod per dar la pussibiltà a Lini Sutter da's laschar tscherner sco prüma duonna sco presidenta dal Cussagl da baselgia chantunal. Adonta da las bleras incumbenzas m'ha la lavur aint il cussagl da baselgia dat blera satisfacziun. Eu n'ha imprais a cugnuoscher a blera glieud chi pensa sumgliaint sco eu. Bleras amicizchas düran amo fin hozindi. Illa baselgia n'ha eu pudü realisar bleras ideas chi sun amo adüna actualas. Impustüt blers contacts cun duonnas d'eiran important per cha las duonnas possan chattar lur plazza illa baselgia, na be sco commembras dal cult divin o per preperar basars, ma eir cun üna plü gronda responsabiltà per avair la pussibiltà da pudair as partecipar a decisiuns. Ils temps s'han müdats ed hozindi daja daplüssas duonnas sül s-chalin da cader. Quai po be far plaschair.

1996 Cussagl da baselgia

1997 Cumischiun da duonnas SEK Berna

La rulotta blaua giò Berna

„Pigliast part eir tü?“ m‘ha dumandà Roswitha, üna ravarenda da Genevra per telefon. Natüralmaing ch‘eu d‘eira subit pronta. Quist‘acziun stoja sustegner! Roswitha vaiva declerà che intenziuns cha duonnas da tuot la Svizra hajan giò Berna. Eu laiva eir sustegner l‘idea dad ir giò Berna a vagliar. Eu resentiva la medemma revolta sco Roswitha. Al telefon ha ella quintà dad Yvette Barbier, üna doctressa dad uffants da Lausanne. Ella ha gnü l‘idea da depositar üna rulotta davant la chasa federala per protestar cunter quista acziun politica invers las duonnas. Subit n‘haja impromiss a Roswitha da tscherchar eir in meis ravuogl duonnas chi vessan vöglia da sustegner quista acziun. A Roswitha cugnuoschaiva da nossa lavur cumünaivla illa Conferenza svizra da duonnas i‘l rom da las Baselgias evangelicas svizras.

Che d‘eira capità? Als 10 december 2003 vaiva l‘assamblea federala tschernü danouvamaing il Cussagl federal. In plazza da la cusgliera federala Ruth Metzler chi vaiva il departamaint da güstia e d‘eira commembra dal parti cristian democratic, es gnü tschernü nouv Christoph Blocher dal Parti popular svizzer. Ün schoc! Uschè chi'd es restada plü be üna duonna illa regenza. Eir dal parti liberal democrat d'eiran no dischillus. Per rimplazzar al schef da finanzas Kasper Villiger as vaiva bainschi nominà a duonna Christine Beerli. Però il parlamaint ha preferi a Hans Rudolf Merz. No d'eiran toccas da quist resultat. Dischillusas our da duos motivs: Prüma ün affrunt invers las duonnas e lura ans daiva dachefar cha'l parlamaint d'eira sglischà tras quai politicamaing a dretta. No duonnas nu pudaivan be acceptar quist e taschair. No laivan exprimer quista rabgia in ün'acziun politica. Tenor l'idea dad Yvette staiva dürar quist'acziun a Berna nouv mais. No laivan cumanzar als 8 marz, al di internaziunal da las duonnas. Il di internaziunal da las duonnas existiva fingià passa 100 ans e d'eira cuntschaint in America, Germania ed in Svizra. Quel di d'eira gnü introdüt per far valair ils istess drets politics eir per las duonnas. No chattaivan cha quai füss la dretta data per cumanzar quist'acziun: Il di da s-chandel, ingio cha la duonnas sun gnüdas ignoradas. L'idea da vagliar es gnüda dad Yvette, causa cha vagliar es alch tipic per las duonnas. Mincha not vaglian millis da duonnas in nos pajais, saja quai sur da lur uffants, lur paraints ed amis in cas da malatia o d'alch otra imnatscha. Pel solit as vaglia voluntariamaing. No, amias dad Yvette, d'eiran da l'idea cha vagliar ed esser sdruaglià saja impustüt in quist mumaint üna buna virtüd.

Punctualmaing, als 8 da marz es gnüda postada la rulotta blaua sülla plazza davant la Chasa federala. Minchadi e mincha not vaivan previs almain duos duonnas da vagliar alternond in ün ritem da 24 uras. Almain duos, ma eir trais o quatter duonnas d'eiran permanentamaing preschaintas. La rulotta d'eira drizzada aint confortabelmaing cun quatter plazzas da durmir e la pussibiltà da cuschinar. Las tualettas as das-chaiva dovrar illa scoula chi d'eira daspera. Als passants e las passantas invidaivna a baiver ün cafè ed a dar üna baderlada. Na tuot la glieud chi passaiva speravia vaiva interess vi da nos invid. Divers as tgnaivan sün distanza e faivan üna granda storta intuorn no, sco scha no vessan üna malatia. Cun placats e disegns provaivna da trar l'attenziun. In avrigl han las autoritats da la cità ordinà cha la rulotta nu possa restar süll a plazza davant la Chasa federala. Uschè tilla vaina stuvü metter in üna giassa laterala. Ün pa sün daplü distanza, in vicinanza d'ün gimnasi, ma listess amo visibla. Per 278 dis d'eira il vagliar garanti. Eu m'ha partecipada duos jadas. I'l mais mai sun eu ida cun mia amia Heidi a Berna per vagliar. Heidi nu vaiva chattà a Tschlin ingün chi laiv'as partecipar ed uschè vaina decis dad ir insembel. Il turnus da las duonnas illa rulotta nu d'eira cumplichà. Cun rivar là nu faiva dabsögn da surdar las clavs, perche la rulotta d'eira adüna averta. Uschè rivaivna al lö, ans preschantaivan, bavaivan insembel ün tè e quintaivan da nossas experienzas. Üna seguonda jada n'haja vaglià cun mia amia Letizia. In quist'occasiun vaina invidà a la cusgliera Brigitta Gadient dal parti popular svizzer (quella jada amo). Eu tilla cugnuoschaiva dal Grischun. No d'eiran fich gratas ch'ella as vaiva declerada pronta da gnir pro no per ün discuors. Cun ella eschan sezzadas insembel e vain barattà nossas ideas. No vain gnü gronda satisfacziun d'avair chattà duonnas da tuot il Grischun per vagliar ün'eivna intera. Nos concept d'eira fich simpel. I nu daiva ingünas structuras dominantas. Las duonnas vaivan blers contacts vicendaivels e fuormaivan ün grond intretschamaint. La gronda part da las duonnas d'eiran sün basa privata a Berna. Alchünas d'eiran in ün parti, otras ingaschadas in ün'organisaziun. Dal parti popular da Christoph Blocher nu s'haja vis ingünas. Differentas duonnas han planisà seminars, bleras s'han allegradas dad inscuntrar ad otras e d'eiran da l'avis cha la rulotta blaua svaglia bainquant interess. Ün diari daiva la pussibiltà a las duonnas d'exprimer lur ideas. Ellas d'eiran cuntaintas da chattar cumpognas cullas medemmas ideas ed intenziuns politicas. Blers schurnalists han gnü il buonder dad eruir che chi capita cun quista rulotta blaua. La cusgliera federala Micheline Calmy-Ray e la veglia cusgliera federala Ruth Dreyfuss ans han visitadas a Berna ed han express lur respet e'ns han dat curaschi. Üna fotografa ha fat da mincha gruppa da duonnas üna fotografia chi'd es lura gnüda concipida e cumparüda in ün cudesch. Plü tard es quel gnü preschantà al public a Turich.

Als 10 december d'eira eu darcheu a Berna. Quel di vaina stumplà insembel la rulotta fin sü la plazza avant la Chasa federala. Uossa staiva la rulotta darcheu là ingio ch'ella vess gnü da restar avant 278 dis e nots. Cun blera musica, chant, discuors e cun ballar vaina festagià quist evenimaint. Uschè esa gnü amo üna jada visibel che cha duonnas cun lur solidarità pon ragiundscher. Il success politic imidiat bainschi nu d'eira visibel. Christoph Blocher es restà cusglier federal e per intant d'eira be üna duonna aint il Cussagl federal. E listess, noss'acziun ha a lunga vista gnü success. Ün pêr ons plü tard nun es Christoph Blocher plü gnü elet. El ha stuvü far plazza ad Eveline Widmer-Schlumpf. Dal 2007 d'eiran trais duonnas i'l Cussagl federal, implü la chanzlista Corina Casanova. Per bleras duonnas es statta quista acziun ün cumainzamaint da s'interessar politicamaing e star aint pels listess drets tanter homens e duonnas. Adonta da bler ingaschamaint esa amo adüna difficil per duonnas da's partecipar activmaing a la poitica. Perche las structuras sun amo adüna masculinas.

Persunalmaing n'haja profità da quist'acziun e badà che influenza cha la solidarità po avair. Passa 500 duonnas s'han parcepitadas a quist'acziun. Minchüna ha contribui quai chi tilla d'eira pussibel, saja quai cun far placats o fond part a seminars o cun spordscher ospitalità servind cafè e tuorta als giasts chi sezzaivan cun no davant la rulotta. I nu gniva pretais alch special, dimpersè be esser preschaint.

2008 Flurinda e Letizia davant la rulotta blaua a Berna

L'Oasa süja oura

Üna oasa immez il desert, üna funtana chi rinforza, ün lö da vitalità tanter las bleras robas chi nu sun usché relevantas illa vita da baselgia. D'ün tal lö eschna its in tschercha. No d'eiran üna gruppa da ses persunas, homens e duonnas. Tanter oter consistorials/alas da plü bod ed ün ravarenda. A no ans occupaiva la dumonda co chi's pudess promouver la vita da baselgia in Engiadina Bassa, per ch'ella dvainta plü vivais-cha ed attractiva. Dalönch innan as badaiva co cha la commembranza as diminuiva cuntinuontamaing dad on ad on. La critica, mo eir il desinteress per la vita ecclesiasta gniva via plü palais. Las sportas tradiziunalas paraivan da nu bastair. Ün bel di es nada l'idea da s-chaffir ün center d'inscunter a Scuol. No d'eiran da l'idea chi füss important d'avair ün lö per as chattar, ingio cha la glieud as pudess reunir sainza grondas pretaisas ed aspettativas. Ün'occasiun per discuorrer insembel, per discuter, preleger, organisar seminars, insomma per s'occupar cun dumondas da la vita. Ün lö chi nu füss buollà be da la baselgia. Important ans paraiva dad avair üna comunicaziun eir cun glieud critica invers la baselgia o perfin cun persunas chi sun sortidas da la baselgia. Cun ün program interessant laivna invidar a minchün da's partecipar. Ün program cun ün livel na mass'ot e sco dit, eir per persunas chi sun sün distanza a la baselgia. Ma eir chi existiss ün program chi fess dvantar la baselgia da Scuol plü attractiva. Quel lö as laiva drivir dürant ün pêr dis l'eivna. Noss'idea as drizzaiva eir a quels chi vaivan interess da dar be ün sguard e forsa baiver üna tazza cafè ed as trategner ün mumaint. No ans giavüschaivan ün'oasa per as inscuntrar e barattar ideas.

La necessità d'ün tal lö es però gnü missa in dumanda da plüssas varts. Ils duos consistoris da Ramosch e Tschlin as vaivan fin la fin muossats interessats per quist'idea. Il rest da las raspadas da l'Engiadina Bassa nu vaivan ingün interess. Perfin il sustegn da la Baselgia chantunala per nos proget nun ha güdà bler. I's d'eira da l'avis cha la sporta existenta tradiziunala basta. Adonta cha la baselgia chantunala d'eira d'accord da sustegner quist proget, eir tras las raspadas chi as rechattaivan il'egualisaziun da finanzas, nu s'han laschadas motivar otras raspadas da's partecipar. Plü facil es gnü resguardà la lavur da l'Oasa sco üna concurrenza malvissa per las raspadas. Divers argumaints cunter sun gnüts nomnats. Per exaimpel: l'Oasa nu po esser preschainta in tuot ils cumüns, ella es centrala e na locala, per blers d'eiran no massa religius o massa esoterics. E dal rest: Che dar oura tanta munaida per alch uschea! La chasa da pravenda a Scuol füss statta fich adattada e cun buna vöglia as vessa pudü chattar ün lö. Ed uossa – ingio chattar ün local e co til finanziar?

Adonta da la tenuta da las bleras raspadas nu laivan no dar sü uschè svelt. Scha ingün success pro las raspadas, vaina provà pro otras funtanas. La baselgia chantunala ans ha sustgnüda cun finanziar per ün lung temp üna cussagliaziun sü da Turich chi'ns ha accumpagnats in nossa lavur. Eu n'ha fat part dürant meis temp sco cusgliera da baselgia ad ün cussagl da fundaziun da la „Fondia". Siond ch'eu cugnuschaiva lur lavur, vaina decis da dumandar là per ün sustegn. Il success es stat cha quella Fundaziun ans ha sustgnüts cun üna somma da 30'000 frs. per pudair cumanzar cun nos proget. Uschè vaina gnü la pussibiltà da far ils prossems pass.

Quai ans es reuschi da chattar ün local adattà sül stradun, pac davent da la fermativa dal bus a Scuol. Üna buna part dal mobiliar vaina surgni sco donaziun. Per exaimpel ans ha il cumün da Sent imprastà 30 sopchas. Üna persuna privata ans ha dat ad impraist üna maisa. Ün hotel ans ha regalà duos bellas pultrunas e vaschella. Ün bun promotur, Urs Trottmann, lavuraint social e psicolog, ans ha güdà a chattar sponsuors. Cun grond sustegn da plüssas varts ha l'Oasa pudü cumanzar cun sia lavur. No vain organisà üna società portadra cun statuts chi han documentà cha l'Oasa saja ün „Center d'inscunter", politicamaing neutral, confessiunal e culturalmaing avert, teologicamaing colliada culla baselgia reformada dal Grischun. Organisatoricamaing deira l'Oasa alch nouv, iniziada da la basa. Tras contribuziuns da commembers e sponsuors esa stat pussibel tantinavant da'ns finanziar. Ils cuntgnüts gnivan organisats da bler ingaschamaint voluntari. L'Oasa d'eira in sia fuorma ün'organisaziun libra chi nu suottastaiva a las instanzas ecclesiastas.

Dal 2008 d'eira uschè inavant. No vain dat oura nos prüm program. Ün seminari, referats teologics, Workshops, ün film, dicuors sur da literatura. Temas da tuot gener, chüra da confamiliars a chasa, la frescas da la baselgia a Lavin, l'istorgia da la creaziun, „Qigong" e meditaziun. Ma eir propostas da glieud interessada. No vaivan üna buna frequenza, ca. 80 persunas al mais han visità nossas occurenzas.

Il success svagliaiva eir l'invilgia. Impustüt pro persunas cun pensar tradiziunal. Problems haja dat cur cha'l consistori da la raspada da Sent ha proibi a seis ravarenda, da's partecipar a la lavur da l'Oasa. Na be per Sent d'eiran no üna spina aint il ögl. Eir per otras raspadas e persunas d'eirna üna concurrenza. Adüna darcheu d'eirna confruntats culla resistenza da tscherts circuls. No vain provà dad integrar la lavur da l'Oasa illa solita lavur da baselgia, organisond eir in oters cumüns sairadas o inscunters. Ils blers ravarendas d'eiran bainschi tolerants invers nossa lavur, però nun as ingaschaivan brichafat visibelmaing. Id ha mancà l'acceptanza.

Davo quatter ons, vairamaing da success, vaina badà cha quist permanentamaing ans confruntar cull'opposiziun, consümaiva bleras forzas. Nos giavüsch füss stat dad integrar l'Oasa illa solita lavur da baselgia. Quai paraiva da nun esser pussibel. Cun meis 75 ans d'eira dvantada stangla. Il plü gugent füssa sortida da la baselgia. Però eu nu laiva desdir mia solidarità invers tuot quellas persunas ingaschadas chi fan üna gronda e buna lavur. A favur da quellas suna restada fin hoz commembra da la baselgia.

Quai chi am fa mal es il fat, chi nu's ris-cha fin hoz na da provar oura nouvas fuormas in baselgia, chi vegnan incunter als bsögns dals umans moderns. In bleras raspadas sun ideas nouvas ün'imnatscha chi's lascha plütost stara. Suvent sun ils consistorials fich sceptics a reguard alch nouv. Müdamaints fan temma e promouvan letargia. Meglder laschar tuot a la veglia. Uschè perdan lös da spranza lur importanza ed ün'Oasa po be amo süjar oura.

Guardond inavo am displascha cha l'Oasa nun ha chattà megldr'accoglientscha e cha quella lavur nun es gnüda acceptada. Nossa bun'idea nun ha chattà rebomb illas raspadas. Suvent esa gnü invlidà da comunichar i'ls cults divins nossas occurenzas. Blers ravarendas han express in discuors persunals lur incletta per nossa lavur. Però publicamaing mancaiva suvent la solidarità. Forsa mancaiva la prontezza da s'expuoner per üna nouv'idea. Impustüt schi's resguarda cha aint ils consistoris fan part suvent persunas tradiziunalistas. In Engiadina es derasada la tenuta da na as confruntar massa ferm cun sias aignas ideas e cun quai evitar contradicziuns.

Cur cha l'Oasa ha rafüdà sia lavur, n'haja cumpli 75 ans. Eu n'ha badà cha müdamaints in Engiadina douvran plü lung temp co üna vita. Navruotta ha fat l'Oasa eir causa cha no nu vain chattà ingüns successurs. No d'eiran stanguels e la motivaziun vaiva pati. Cumbatter ses ans in fila ans ha eir dischillusiunts. La cumbatta permanenta ha cul temp indebli nos ingaschamaint. Alch n'haja però imprais: La baselgia es sco ün monstrus chi nu's lascha bain movantar. I dà pacas persunas chi sun prontas da s'ingaschar illas singulas raspadas per dar nouv impuls. Düront ils blers ons da meis ingaschamaint n'haja imprais cha iniziativas han be là success, ingio chi s'occupan dals simpels bsögns dals umans. Ed eir quai n'haja imprais: Baselgia es be uschè productiva e buna, sco ils umans chi collavureschan.

Crescher ill'oposiziun

„Landroura nu vain nöglia", d'eira la sentenzia da tscherta glieud, impustüt dad homens, cur chi'd es gnü ad uraglia il giavüsch da fundar a Susch üna scoulina. Quels d'eiran cunter. Blers nu d'eiran bun da s'imaginar cha'l cumün dess oura raps per üna tala idea superplü. Las mammas dessan bain perchürar svessa lur uffants! Mia opiniun d'eira üna otra: Natüral cha Susch vaiva dabsögn d'üna scoulina. Per üna tala sporta ans laivan no duonnas giuvnas ans ingaschar. Scha'l cumün nu'ns laiva sustegner, stuvaivna tscherchar otras pussibiltats.

Huldrych Blanke, quella jada ravarenda a Tschlin, savaiva chi exista l'organisaziun „Schweizer Berghilfe". Quella vain amo hoz sustgnüda finanzialmaing da donaziuns ed ha il böt da megldrar la basa e las premissas d'existenza illas muntognas per evitar cha'ls cumüns as svödan. Ella promouva il svilup per amegldrar la vita in regiuns muntagnardas. Sco cha ravarenda Blanke quintaiva, schi prouva quista instituziun da s-chaffir contacts tanter comunitats benestantas e cumüns bsögnus illas muntognas. Usché sustegnan comunitats giò la Bassa finanzialmaing progets illas muntognas. No, insembel cun Lavin, d'eiran subit da l'idea cha nos proget vess forsa üna schanza da gnir sustgnü. Davo nos prüm contact sun rivats bainbod ils conjugals Catani sco commembers dal presidi ans far la visita, voul dir per eruir e discuorrer sur da nossa dumanda. Davo duos eivnas s'ha fatta dudir duonna Annina Nolfi, oriunda da Lavin, chi abitaiva ad Adliswil e'ns ha comunichà cha'l cumün dad Adliswil füss pront da'ns sustegner. Ella ans ha invidà da gnir ad Adliswil a preschantar nos proget. Surprais da la buna nouva, es uossa statta pronta da'ns sustegner eir la suprastanza cumünala. La critica dal prüm mumaint s'ha vouta e tuot il cumün d'eira cuntaint da quista novità.

E lura esa i uschè inavant! Cul büschmaint da dumengia e diversas duonnas in custüm engiadinais ans vaina miss in viadi per Adliswil cun tuortas da nuschs, chaschöl ed oters prodots indigens. La preschantaziun da nos duos cumüns Lavin e Susch ha plaschü a la populaziun. Els han decis da sustegner noss plans per s-chaffir üna scoulina. Plü tard es gnü fabrichà oura ün local illa chasa da scoula a Susch e lura tscherchà üna muossadra. Intant d'eira eir organisà il transport dals scolars tanter Lavin e Susch cun ün bus da scoula.

Meis hom ed eu vain surtut da far il transport ed eu n'ha absolt l'examen da taxi oura Cuoira per das-chair transportar ils scolars. Quist'incumbenza faiv'eu cun plaschair. Quai gniva incunter a meis plaschair dad ir cul auto. Il cumün da Susch d'eira uossa superbi d'avair drizzà aint üna scoulina. Ün'acziun da mammas d'eira reuschida e vaiva gnü success.

„Landroura nu vain nöglia"! Ons plü tard vaina darcheu dudi quista remarcha. Sco manadra da la scoula da musica Engiadina Bassa/Val Müstair vaiva inizià insembel cun Peter Appenzeller l'idea dad invidar a tuot ils scolars e las scolaras da's partecipar a chantar insembel arias da la „Zauberflöte". Il proget ais dvantà vi plü grond. Passa 500 uffants da bod tuot ils cumüns as vaivan annunzchats. La „Flöta magica" staiva dvantar ün proget cumünaivel da la scoula da musica. Il termin d'eira fingià fixà. La halla da glatsch a Gurlaina d'eira reservada. Ils programs d'eiran squitschats. Be vi da las finanzas nu vaivna bler pensà. Quellas d'eiran amo ün pa malsgüras. Cun üna dumanda a la PEB (Pro Engiadina Bassa) per üna garanzia da deficit ans laivna sgürar giò. Üna gronda dischillusiun es lura statta la resposta negativa da la PEB. Cha no svessa stessan portar il ris-ch, quai d'eira la tenuta da la Pro Engiadina Bassa. Che far? Clomar giò tuot? Quai d'eira impussibel in vista a l'ingaschamaint dals scolars. Quels chantaivan dapertuot, sün plazza da scoula, illa tualetta, aint il tren e sün via las arias da Mozart. Ed ils magisters vaivan trenà las melodias plüssas jadas dürant las vacanzas da stà cun Peter Appenzeller. Per furtüna d'eira Peter Appenzeller da bun anim. El ans ha incuraschats cun dir: „Stat be quiets, quist ragiundschaina eir sainza sustegn!"

Sainza ils blers voluntaris, sainza las mammas e'ls baps chi ans han sustgnüts nu vessna pudü realisar quist proget. Pro las prouvas cumünaivlas vi'n Gurlaina güdaivan tuots ad organisar las marendas pels uffants e'ls magisters a metter ad ir il palc, manar pro tschients da sopchas e drizzar aint la halla. Pro'l quint final vaina constattà cun grond surleivg cha no nu vaivan ingün deficit, anzi perfin fat guadogn! Ün pa amar d'eira unicamaing il fat cha la PEB ha inchaschà il guadogn. In mincha cas eschna stats superbis d'avair realisà quista bell'ouvra cun success.

„Landroura nu vain nöglia". Quist maniamaint d'eira eir derasà pro tscherts commembers dal consistori cur ch'eu ed ün pêr amis, insembel cul ravarenda da Sent, vain gnü l'idea da realisar ün lö d'inscunter per glieud chi's vaiva distanziada da la lavur da la baselgia tradiziunala.

Quistas episodas sun exaimpels per ün ingaschamaint eir suot circunstanzas difficilas. Quellas svaglian forzas vitalas e la creatività. In confruntaziuns n'haja resenti energias ch'eu plü bod nu cugnuschaiva. Quellas m'han eir laschà badair ch'eu nu sun suletta e cha blers pensan sco eu. Eu n'ha giodü blera simpatia e solidarità. Meis motto da vita: „Chi chi nu ris-cha, nu guadagna", s'ha verifichà.

Grazcha

Eu nu vess bod na cret cha quist cudesch gniss realisà. La permanenta intimaziun da meis ami Lothar Teckemeyer m'ha incuraschà da metter sün palperi 15 istorgias. El m'ha güdà a formular meis impissamaints. Mia motivaziun da notar evenimaints da mia vita d'eira impustüt l'idea da dar inavant las scuvertas e las experienzas fattas düront ils ons passats Ün giavüsch central m'es stat da laschar resortir la perspectiva da mia rolla sco duonna. Jacques Guidon m'ha incuraschà da realisar quist proget. Sco motto ha'l disegnà suot il tema „crescher e madürar" ün püschel cun buorfs, culla flur e cul früt chi fuorma ün punct central in quist cudesch.

Impustüt ingrazch eu cordialmaing a Brigitte Barba ed a Jon Duri Vital per lur lavur da lectorat. Ed ün sincer grazcha fich a tuot quels chi m'han accumpagnà sün quista via.

Flurinda Raschèr-Janett

Scuol, 2019

Jacques Guidon, 2017

Crescher e madürar
es agir da Dieu.
Imprevis nu dvainta sur not
il sen da la vita.
Saimper partir ed augmentar
am lascha madürar
a quella ch'eu sun.

Lothar Teckemeyer

Jacques Guidon, 2017

Wachsen und Werden
ist Gotteswirken.
Nicht jählings und über Nacht
entsteht der Lebenssinn.
Stetiges Teilen und Mehren
lässt mich zu dem reifen,
der ich bin.

Lothar Teckemeyer

ich
Inn
Pfunds
Samnaun
Österreich
Martina
Nauders
Strada
Tschlin
Seraplana
Ramosch
En
Reschen
Sent
Ftan
z
Scuol
Tarasp
Südtirol
Italia
Glurns
Pass dal Fuorn
Müstair
Italia

Flurinda Raschèr-Janett
Lothar Teckemeyer

Freischwimmen

Flurinda Raschèr-Janett
Lothar Teckemeyer

Freischwimmen

Eine Frauengeschichte
aus dem Engadin

Verlag Agentur Altepost 2015

Für meine Kinder
und
Enkelkinder

Dank an die Sponsoren

Banca Raiffeisen Engiadina Val Müstair
Cumün da Scuol
energia Engiadina, Susch
Fundaziun Giov. Bazzi-Mengiardi
Lia Rumantscha, Cuoira
Promoziun da la cultura dal Grischun
Uniun dals Grischs

Bibliographische Information der Deutschen Nationalbibliothek:
Die Deutsche Nationalbibliothek verzeichnet diese Publikation
in der Deutschen Nationalbibliographie;
detaillierte bibliographische Daten sind im Internet
über http://dnb.d-nb.de abrufbar.

1. Auflage 2019

Fotos: Flurinda Raschèr-Janett
Gestaltung und Satz: André Gösecke, Dortmund
Gesamtverarbeitung: Druckerei Kettler, Bönen
Printed in Germany

www.agentur-altepost.de

ISBN 978-3-9817528-8-5

1941 Flurinda

Lebenslauf

1938	geboren im Elternhaus der Mutter in Seraplana
1945	Besuch der Primarschule im Schulhaus S-chadatsch/Strada-Martina
1952	3 Schuljahre auf der Sekundarschule in Ramosch
1954	für 1 Jahr Aux-pair-Mädchen in Lausanne
1955	Ausbildung zur Postgehilfin in Trübbach
1960	Eheschließung mit Curadin Raschèr
1961 - 1966	Geburt von 3 Kindern
1976	Wahl zur Präsidentin der SM (Musikschule Engiadina Bassa/Val Müstair)
1988	Wahl zur Leiterin der SM
1988 – 1990	Ausbildung zur Erwachsenenbildnerin an der AEB in Luzern
1993	Wahl zur Kirchenrätin der Evangelisch-Reformierten Landeskirche Graubünden, Ausübung dieses Ehrenamtes über 11 Jahre, in dieser Zeit auch für 3 Jahre Präsidentin der Frauenkonferenz des SEK
1995	Umzug nach Scuol
2000	Pensionierung
2008 – 2015	Ehrenamtliche Mitarbeit in der „Oase“

Inhalt

Vorwort

Wider viele Zwänge mutig den eigenen Weg gehen

Flurinda Raschèr-Janett (*1938) hat mit ihren Lebenserinnerungen ein Kapitel zur Bündner Frauengeschichte aufgeschlagen, das so noch kaum bekannt ist: die Erfahrungen und Erlebnisse einer Frau aus der unmittelbaren Nachkriegsgeneration, die noch unter dem Zwang alter Auffassungen über Rollen und Frausein mit den Möglichkeiten von Emanzipation, Eigenständigkeit und Selbstbestimmung seit den 1970er-Jahren zurechtkommen musste. Flurinda Raschèr hat den Weg des Kämp-

fens und mutigen Einstehens für sich und für ihre Generation von Frauen gewählt.

In einem offenen Elternhaus aufgewachsen – die kreative und geschäftstüchtige Mutter straft alle Vorstellungen von Weiblichkeit Lügen, der Vater ist ein Kulturmensch – war Flurinda Raschèr schon früh gezwungen, ihre unkonventionelle Mutter, ihr Vorbild und Herausforderung zugleich, gegenüber den alteingesessenen Rollennormen im bäuerlichen und streng konservativen Unterengadin zu rechtfertigen und zu verteidigen. Später, als reife Frau, begann Flurinda Raschèr selbst, die Fesseln zu sprengen und wider viele Zwänge mutig ihren eigenen Weg zu gehen.

Heute blickt sie zurück und offenbart uns ein Stück kämpferische Frauengeschichte und ein Lebensbild des Unterengadins bis in die 1990er-Jahre hinein. Dieses Buch ist ein Zeugnis, das in der Bündner Biografienlandschaft bisher gefehlt hat.

Dr. phil. des. Silke Margherita Redolfi
LEITERIN FRAUENKULTURARCHIV GRAUBÜNDEN

1996 Konzert der Musikschule

Vom „singenden Osterei" zur Leiterin der Musikschule

Musik war mir in die Wiege gelegt. Wer Men Janett, dem wohl bedeutendsten Dirigenten der „Società da Musica" in Tschlin, zum Großvater hat, der muss einfach musikalisch sein. Zu meinen prägenden Erinnerungen gehört, dass bei uns zu Hause immer gesungen wurde, bei jeder Gelegenheit, bei der Arbeit oder in der Freizeit, ob im Kreis der Familie, in der Schule oder bei festlichen Anlässen. Schon als Dreijährige wurde ich zum Gesangsstar. Meine Eltern haben mir später erzählt, dass ich, obwohl ich kaum zusammenhängende Sätze sprach, bereits alle drei Strophen von „Chara lingua da la mamma" singen konnte. Bei jeder Gelegenheit musste ich es vortragen.

Kaum Haare auf dem Kopf, hatte mir meine Mutter eine große Schleife als Kopfschmuck umgebunden, um die mangelnde Haarpracht zu kaschieren. So geschmückt stellte man mich auf einen Tisch, und schon trällerte ich los. Von diesen Aufführungen habe ich später Fotos gefunden. Mein Kopf sah aus wie ein geschmücktes Osterei, alles an mir war rund und ich strahlte. Als Belohnung wurde ich von allen geherzt und umarmt.

Mit sechs Jahren bekam ich Klavierunterricht. Zwei Sitzkissen auf dem Klavierhocker sorgten dafür, dass ich mit den Händen die Tasten erreichen konnte. Ich war kein Wunderkind, vermutlich war ich auch nicht besonders begabt, ich hatte aber großes Interesse an Noten. Ich erinnere mich, wie ich voller Stolz meiner Mutter die ersten selbstgemalten Noten zeigte. Ihr Kommentar war ernüchternd. Sie meinte lapidar: „Ja, ja, aber bemühe dich lieber in der Schule und lerne fleißig, das ist wichtiger als Musik." Sie war der Meinung, allzu viel Musiktreiben hindere später daran, seinen Lebensunterhalt zu verdienen. „Erst die Arbeit, dann das Vergnügen." So lautete ihr Lebensmotto. Meine Mutter stammte aus einem Geschäftshaushalt. Sie war davon überzeugt, dass die Musik nicht satt macht. Bestenfalls dient sie dem Vergnügen. Folgerichtig verkaufte sie, als ich neunjährig war, das Klavier. Ich war damals ein folgsames Mädchen, tat, was meine Mutter sagte, lernte fleißig, wurde eine gute Schülerin, aber meine Liebe zur Musik blieb.

Regelmäßig ging ich nun in die Kirche, um am Harmonium ohne Lehrperson weiter zu üben. Ich durfte sogar – noch Schülerin – den Organistendienst in Martina über-

nehmen. Für mich war es eine besondere Auszeichnung, zu Weihnachten sogar die Orgel in Ramosch spielen zu dürfen. Auch der Chorgesang macht mir Freude, bis heute. Erstmals habe ich während meiner Aux-pair-Zeit in Lausanne in einem Chor mitgesungen. Damals war ich Mitglied im Kirchenchor der Methodistischen Gemeinde. Seither bin ich eine begeisterte Chorsängerin.

Bei der Erziehung meiner Kinder war mir wichtig, dass alle drei einen guten Musikunterricht bekamen. Während meine älteste Tochter Klavierspielen in Zuoz lernen konnte, war es nach unserem Umzug nach Susch für die beiden jüngeren nicht so einfach. Emilia und Fadri meldete ich an der Musikschule Oberengadin in St. Moritz an. Da sie noch Kinder waren, brachte ich sie jeden Mittwoch Nachmittag mit dem Auto in die Laudinella nach St. Moritz. Gott sei Dank gab es noch eine andere Frau in Susch, eine Baslerin, die ähnlich dachte wie ich. Auch sie hatte ihre Tochter zum Musikunterricht in St. Moritz angemeldet. Da auch sie über einen PKW verfügte, konnten wir uns in unserem Fahrdienst abwechseln. Unser Engagement wurde dadurch belohnt, dass Ingelore Balzer, eine Lehrerin an der Musikschule in St. Moritz, des Öfteren mit einigen Schülern und Schülerinnen nach Susch kam, um Hauskonzerte in unserer Stube durchzuführen. Dazu wurden Verwandte und Freunde eingeladen, nach Kaffee und Kuchen hörten wir dann aufmerksam den musikalischen Vorführungen der Kinder zu.

Endlich war es auch im Unterengadin soweit: 1976 wurde die Musikschule „Scoula da musica Engiadina Bassa/Val Müstair“ gegründet, übrigens gegen den Widerstand der

Gemeinde Tschlin, ihre Gemeindevertreter waren der Meinung, es gäbe bereits genug Musik im Dorf. Gegen die Gründung sprachen sich auch die Gemeinden im Val Müstair aus, sie befürchteten, vor Ort nicht ausreichend Unterrichtsangebote zu bekommen. Doch dann begann mit 67 Schülern und Schülerinnen die Arbeit. Das war besonders Rico Fallet zu verdanken, der ein großer Förderer der Schule war. Alle Schüler absolvierten zunächst eine zweijährige musikalische Früherziehung. Die Lehrpersonen wurden dafür in Kursen von Willi Lippunner in Altstätten geschult.

Eine Person für das Präsidium der Musikschule wurde gesucht. Auch mich fragte man. Ich fand die Idee der Gründung einer Musikschule so interessant, dass ich spontan meine Mitarbeit zusagte, ohne genau zu wissen, worin genau die Aufgaben des Präsidiums bestanden. Zu meiner Überraschung wurde ich dann auch zur Präsidentin gewählt. Schnell begriff ich, dass diese Aufgabe mehr als ein Ehrenamt war. Die finanziellen Mittel mussten beschafft werden, Mitarbeiter eingestellt, nach geeigneten Räumlichkeiten gesucht und die Unterrichtszeiten geplant werden. Bei jedem noch so kleinen Konflikt waren zunächst die Präsidentin und dann das Präsidium gefragt. Nicht nur das, es musste viel Überzeugungsarbeit in den politischen Gremien geleistet werden.

Nicht bei allen war der Wunsch nach einer musikalischen Erziehung vorhanden. Gott sei Dank gab es viele Mitstreiter, die die Idee einer Musikschule unbedingt zum Erfolg führen wollten. Nach der zweijährigen Aufbauarbeit wurden die Verantwortlichen vor eine neue

Herausforderung gestellt. Die meisten Schüler und Schülerinnen wollten nach dem Grundkurs ein Instrument lernen. Doch dafür gab es nicht ausreichend professionelle, einheimische Lehrpersonen. Wir fingen an, über die Grenzen zu schauen. Auf Empfehlung meines Zahnarztes in Prutz wurde ich auf einen Querflötenlehrer aufmerksam gemacht. Ein Klavierlehrer konnte aus Landeck engagiert werden. Später kamen mehrere Lehrkräfte aus Italien und Österreich dazu.

Die Mehrsprachigkeit der Lehrpersonen war eine Herausforderung und machte es notwendig, dass nun die Lehrerkonferenzen dreisprachig durchgeführt werden mussten. Aber mit gutem Willen war auch das kein Problem. Schwieriger war es, die unterschiedlichen Ansprüche und Erwartungen der Lehrpersonen an die Schüler miteinander zu vereinbaren. Den Italienern war es wichtig, besonders die Begabten zu fördern, die Österreicher und Schweizer waren an einer breiten Förderung aller interessiert. Also mussten die Italiener Abstriche in Kauf nehmen und die Schweizer und Österreicher ihre Anforderungsziele ein wenig anheben. Und schließlich war auch jede Lehrerin und jeder Lehrer eine eigenständige Persönlichkeit mit je eigenen Erwartungen. Irgendwie ist es mir gelungen, alle Interessen auszugleichen. Voller Begeisterung denke ich an diese Aufbauzeit zurück, gerne erinnere ich mich an eine gemeinsame Fortbildung aller Mitwirkenden in Salzburg am Boromäum.

Schon bald war allen Verantwortlichen klar, dass für die Organisations- und Verwaltungsarbeit eine bezahlte Kraft eingestellt werden musste. Nach zwölfjähriger eh-

renamtlicher Präsidiumsarbeit sollte eine bezahlte Leitung angestellt werden. Doch niemand fand sich für diesen Posten. Man fragte mich, ob ich nicht interimsmäßig diesen Tätigkeitsbereich übernehmen könnte. Gemeinsam mit Aita Biert, die als ausgebildete Klavierlehrerin für die musikalische Leitung verantwortlich war, übernahm ich diese Aufgabe. Aus der Zwischenlösung wurden dann sechs Jahre gemeinsamer Arbeit. Weitere sechs Jahre habe ich dann mit Duri Janett die Musikschule geführt. Hilfreich war, dass ich zu Beginn meiner Leitungstätigkeit berufsbegleitend die Ausbildung zur Erwachsenenbildnerin absolvieren konnte. Es war eine große Freude und Genugtuung, die Musikschule wachsen zu sehen. Aus den anfänglich 67 Schülern und Schülerinnen waren nach gut zwanzig Jahren 560 geworden. 2016 wurde das 40-jährige Jubiläum gefeiert. Der Aufbau und die Leitung der Musikschule waren über mehrere Jahre mein wichtigster Lebensinhalt. Die Arbeit geschah nicht immer konfliktfrei, aber sie war für mich trotz allem bereichernd.

Bei den kantonalen Sängerfesten, die ich nach meiner Pensionierung besucht habe, erlebte ich immer wieder bei der Vorstellung der verschiedenen Chöre, dass fast alle meine Cousins und Cousinen aus der Familie Janett Chorleiter geworden waren. Wehmütig musste ich mir dann eingestehen, dass ich es nie so weit gebracht habe. Allerdings war es für mich dann auch ein Trost zu wissen, dass eine Reihe von Schülern und Schülerinnen der Musikschule „Engiadina Bassa/Val Müstair“ professionelle Musiker und Musikerinnen geworden sind.

Der Lorbeerkranz

Das glich schon einer Sensation. Ca. 30 Musiker hatten beim eidgenössischen Musikfest in St. Gallen 1948 einen Ehrenkranz erhalten, eine besondere Auszeichnung für musikalische Leistungen. Das hatte niemand dem kleinen Musikverein aus Tschlin zugetraut. Mit Werken u.a. von Franz v. Suppé wie „Ein Morgen, ein Mittag, ein Abend in Wien“ und „Dichter und Bauer“ hatte man die Jury beeindruckt. Es gab viel Applaus, denn die jungen Burschen und Männer spielten wie aus einem Guss und fast fehlerfrei. Niemand von ihnen hatte je eine Musikschule besucht, fast alle waren einfache Bauern und Handwerker, aber alle verband die Liebe zur Musik. Fast alle männlichen Einwohner Tschlins gehörten zum Orchester, Frauen durften nicht mitspielen, öffentliches Musizieren war damals – zumindest in Tschlin – Männersache. Wer in Tschlin nicht bei der Societa da Musica mitmachte, war ein Außenseiter. Wöchentlich hatten die jungen Burschen und Männer für ihren Auftritt geübt, nun erhielten sie in St. Gallen die Anerkennung dafür. Überregionale Zeitungen berichteten in höchsten

Tönen von diesem Ereignis. Viele Ehefrauen hatten die Musiker nach St. Gallen begleitet und ihnen die Daumen gedrückt. Einen großen Anteil an diesem Erfolg aus dem Jahre 1947 hatte mein Großvater Men, genannt Menin, Janett.

Men war einer der drei unehelichen Söhne meiner Urgroßmutter „Uorschla“. Die drei Söhne hatten drei verschiedene Väter, was Ende des 19. Jahrhunderts mehr als ungewöhnlich war. Doch alle drei Kinder hatten es zu etwas gebracht. Einer von ihnen war in der Habsburger Zeit sogar bis zum Ende des Ersten Weltkrieges in Triest Außenminister gewesen. Zurück zu Men: Aufgewachsen in Tschlin, war er schon früh durch seine musikalische Begabung aufgefallen. Sein Talent wurde von verschiedenen Seiten gefördert. Doch für eine Karriere als Berufsmusiker reichte es nicht. Nach seiner Ausbildung am Lehrerseminar in Chur wurde er Volksschullehrer in Ramosch, einige Jahre später dann in Strada-Martina. Nach einer Zwischentätigkeit als Landwirt, die er sehr erfolgreich betrieb, übernahm er erneut eine Lehrerstelle, diesmal in Tschlin. Auf einem Glaner-Bünder Kantonalfest lernte Men seine aus dem Glaner Land stammende Frau Katharina Schlittler kennen, eine junge Frau, die sich besonders gut in der Opern- und Musikwelt auskannte. Schließlich heirateten beide 1905 in Tschlin. Hier in Tschlin hatte Men sich vorgenommen, allen jungen Männern das Musizieren beizubringen. Jeder männliche Einwohner sollte irgendwann ein Blechblasinstrument spielen können. Bis auf einige Ausnahmen ist es ihm im Laufe der Jahre gelungen, dieses Ziel zu erreichen.

Die Freude am Musizieren war nicht neu in Tschlin. Schon 1873 trafen sich einige Männer, um im kleinen Kreis die ersten musikalischen Gehversuche zu unternehmen. In der rätoromanischen Zeitung “Il Progress“ ist in der Neujahrsausgabe von 1874 von einer der ersten musikalischen Darbietungen der Musikgesellschaft Tschlins zu lesen. Es wird berichtet, dass sich zu dieser Aufführung in Martina sogar Zuhörer aus dem Raum Scuol und Nauders einfanden. 1908 übernahm Men das Amt des Dirigenten. Woher er die nicht so ganz billigen Instrumente für all die musizierenden jungen Leute bekam, ist für mich bis heute ein Rätsel. Vermutlich hat auch die Gemeinde ihren Beitrag dazu geleistet.

In Erinnerung ist mir geblieben, dass es keine Unterstützung der Kirchengemeinde gab. Die abendlichen Proben waren vielen Pfarrherren suspekt. Noch nicht konfirmierte Jungen durften, so war damals die gängige Überzeugung, nach dem Abendläuten um 18.00 Uhr nicht mehr das elterliche Haus verlassen. Da aber die wöchentlichen Proben erst nach dem Abendläuten begannen, kam es zum Dauerkonflikt. Verstärkt wurde der Streit auch dadurch, dass der Dorfpfarrer, wie damals in vielen Gemeinden üblich, zugleich als Schulratspräsident der Vorgesetzte meines Großvaters war. Über alle Anweisungen, die Probentermine zu verschieben oder die Ausbildung erst nach Schulabschluss zu beginnen, setzte sich Men hinweg. Seine Argumentation war schlicht, aber überzeugend: „Die musikalische Ausbildung ist wichtiger als jede Anweisung eines Schulrates.“ Dieser Konflikt war damals für den Musikverein äußerst förderlich, war es doch willkommener Anlass für viele

Jungen, das kirchliche Ausgangsverbot zu umgehen. Übrigens hatte der damalige Pfarrer von Tschlin meiner Mutter einmal anvertraut, dass sein Berufswunsch als Jugendlicher „Polizist“ oder „Pfarrer“ gewesen sei. Später sagte meine Mutter im Kreis der Familie, als über ihn geredet wurde: „Wäre er doch Polizist geworden.“

Die Anfänge der musikalischen Unterweisung seiner Musikanten waren für Men nicht einfach. Er fing bei Null an. Notenkenntnisse konnte er nicht voraussetzen, ebensowenig die Fertigkeiten, ein Instrument richtig zu spielen. Auch wenn es unter den jungen Männern einzelne Könner gab, so war die Harmonie des Orchesters noch lange nicht gewährleistet. Viel Geduld wurde sowohl vom Dirigenten als auch von den Musikanten verlangt. Die ersten Aufführungen waren alles andere als perfekt. Nach jeder Aufführung fragte Men seine Frau, wie die Musik in ihren Ohren geklungen habe. Diese pflegte dann zu antworten: “Jo scho recht, nu falsch tönt’s.“ Doch mit der Zeit entwickelten die Musiker jene Harmonie, die mit dem Ehrenkranz in St. Gallen belohnt wurde.

Men beließ sein Engagament jedoch nicht nur im instrumentalen Bereich. Er war auch Dirigent des „Cor masdà“, dem gemischten Chor der Gemeinde Tschlin. Besonderes Merkmal dieses Chores war es, dass Men neben der Stimmbildung auch die Kunst des „Vibrationsgesangs“ förderte. Das gab dem Chor eine besondere Note, war aber auch nicht jedermanns Geschmack. Auch dem Theaterspiel gehörte seine Liebe. Dabei standen immer wieder historische Dramen im Mittelpunkt. „Der Verrat von Novara“ oder „Curdin de Sass“ wurden aufgeführt.

Ein Großteil der Dorfbevölkerung bildete das Theaterensemble. Alle, die keine Rolle bekamen, mussten hinter den Kulissen verschiedenste Aufgaben erfüllen, vom Bühnenbild bis hin zur Maske wurde alles selbst gemacht, und jene, die dann noch übrig blieben, nicht all zu viele, waren Zuschauer. Diese Stücke boten den Bewohnern die Gelegenheit, endlich einmal Rollen zu spielen, die ihnen im normalen Leben nicht erlaubt waren, besonders bei den Liebes- und Verführungsszenen konnte dieses Bedürfnis ausgelebt werden. Im Winterhalbjahr wurde das Mutler, das örtliche Gasthaus, zum Theatersaal umfunktioniert.

Mein Großvater war über diese Aktivitäten hinaus auch noch der Organist der örtlichen Kirchengemeinde. Sonntags gehörte er dem Harmonium – eine Orgel gab es in der Kirche nicht. Ich kann mich noch genau daran erinnern, wie ich auf seinem Schoß saß und beim Begleiten der Choräle diesen besonderen Platz einnehmen durfte. Bis heute sehe ich vor meinem inneren Auge den grünen Samtstoff hinter den Registern. Meine Begeisterung für die Musik wurde so gefördert.

Men starb 81-jährig, drei Tage, nachdem er ein letztes Mal das Neujahrskonzert in Tschlin dirigiert hatte. Bei meinem letzten Besuch bei ihm lag die aufgeschlagene Bibel auf dem Stubentisch. Er schien die Nähe des Todes geahnt zu haben. Sein Wirken ist bis heute in dem kleinen Dorf zu spüren. Die musikalische Leitung des Musikvereins übernahm sein Sohn Cla. Bis heute ist die Dirigentenschaft in der Familie geblieben. Bis heute ist die „Societa da musica", zwischen 30 - 40 aktive Bläser

gehören dazu, in Tschlin eine feste Größe im Dorfleben, allerdings mit einigen Veränderungen. Klarinetten, Querflöten und Saxofone sind als Instrumente hinzugekommen, ebenso dürfen Frauen mitspielen. Außerdem ist der Streit mit der Pfarrerschaft des Ortes längst beigelegt, die Kirchengemeinde freut sich, wenn die Musiker einen Gottesdienst mitgestalten. Große Beliebtheit im Musikleben Graubündens und darüber hinaus genießen auch die „Fränzlis“. Sie haben sich als Vertreter des Jazz in der zeitgenössischen Volksmusik einen Namen gemacht. Ihre Ursprünge sind in der Familientradition der Janetts zu finden. Die erste Generation der Fränzlis waren die Enkel von Men, jetzt musizieren auch schon seine Urenkel.

1948 Musikverein Tschlin

Die Milchbar

Es sollte schon etwas Besonderes sein, nicht einfach eine Bar oder ein Café, keine Gaststube oder Spunte, nein, eine Milchbar wollte meine Mutter einrichten, die erste und einzige überhaupt in Strada, wenn nicht im ganzen Unterengadin. Eine Milchbar damals in den 60er-Jahren zeichnete sich dadurch aus, dass dort keine alkoholischen Getränke verkauft wurden. Es war ein Ort für alle, Kinder, Familien, Alt und Jung, alle sollten sich hier unbekümmert treffen können.

Nun musste natürlich eine Milchbar einen Ort haben und eingerichtet werden. Als Erstes wurde dafür eine Terrasse geschaffen. Nichts Großartiges, auf einer freien Fläche vor unserem Haus wurden zwei kleine Tischchen mit Klappstühlen aufgestellt. Aber meine Mutter nannte diesen Ort jetzt „Terrasse". Sie war im Sommer und bei Sonnenschein ein beliebter Sitzplatz. Doch die Milchbar sollte ganzjährig geöffnet sein. Zwei Zimmer im Erdgeschoss wurden zu Gaststuben umgebaut, die alte Küche wurde so hergerichtet, dass dort die Milch-Shakes vorbereitet werden konnten. Doch damit nicht genug, meine Mutter wollte unbedingt eine Theke und einen Buffetschrank haben. Eines Tages waren sie da, genauso wie Tische und Stühle sowie weiteres Mobiliar, das

sie vermutlich irgendwo im Vinschgau preiswert erworben hatte. Neu nach Maß angefertigt war es nicht. Es war schon von Vorteil, dass meine Eltern ein Fuhrunternehmen hatten. Da meine Mutter überall herumkam, wusste sie, wo sie die geeigneten Möbelstücke günstig kaufen konnte. Ihr ganzer Stolz war ein großes weißes Schild mit der Aufschrift „Milchbar“. Das ließ sie an der Hauswand über der Terrasse anbringen. Doch das allein reichte als Werbung nicht. Ich weiß noch, wie sie mit einigen selbstgefertigten Plakaten, angebracht an Aushängen und Hauswänden in der näheren Umgebung, Reklame für ihre Milchbar machte. Um eine Milchbar betreiben zu können, brauchte sie eine kantonale Genehmigung. Ohne einen Wirtekurs war die nicht zu bekommen, aber das war für meine Mutter kein Problem, die Prüfung, mit der der Kurs abschloss, bestand sie mit Bravour.

Natürlich war die „Milchbar“ in Strada eine Sensation. Neugierig kamen die Gäste aus der Umgebung, um zu sehen, was sich Elisabeth Janett da wieder Neues ausgedacht hatte. Offeriert wurden nicht nur warme und kalte Milch, Ovomaltine, verschiedene Limonaden, Tee oder Kaffee Creme, sondern auch diverse Milch-Skakes, die sie auf ihren Fahrten in Südtirol kennengelernt hatte. Die Öffnungszeiten musste sie flexibel halten, denn sie hatte noch andere Verpflichtungen. Geöffnet war, wenn sie sich zu Hause aufhielt. Sonst war an der Eingangstür das Schild „Geschlossen“ zu lesen. Ein finanzieller Erfolg wurde die Milchbar nie. Denn allzu oft verzichtete meine Mutter auf die Bezahlung der Rechnung. Ihr war es wichtiger, Gäste zu bewirten und ihnen eine Freude zu machen.

Die „Milchbar“ war nicht die einzige Idee, die meine Mutter in die Praxis umsetzte. Ihr unermüdlicher Tatendrang wurde bereits bei der Gründung des Fuhrunternehmens meiner Eltern erkennbar. Sie war die treibende Kraft bei der Unternehmensgründung gewesen. Als nach Ende des Zweiten Weltkrieges die Aufträge für Transporte verschiedenster Art zunahmen, war ein zweiter Chauffeur nötig. Kurzerhand übernahm sie diese Aufgabe. Sie war die erste Frau im Engadin, die sich ans Steuerrad eines Lastwagens setzte. Die dafür nötige Fahrprüfung hat sie nie absolviert, sie war im Besitz eines Lernfahrausweises, das genügte ihr. Doch warum nur Holz und Steine, Baumaterialien und andere Dinge transportieren? Schnell hatte sie erkannt, dass auch die Personenbeförderung eine Marktnische war. Warum nicht ein Taxiunternehmen gründen? Auch ein Novum für Strada und Umgebung. Sie kaufte sich einen kleinen roten VW-Bus und machte die Taxiprüfung. Zur Einwohnerschaft der Gemeinde Tschlin gehörte nun nicht nur die erste LKW-Fahrerin ohne gültigen Fahrausweis, sondern auch die erste Taxifahrerin mit Fahrerlaubnis, denn diese Prüfung hatte sie erfolgreich absolviert.

Das Taxiunternehmen lieferte ihr zugleich die Grundlage für einen weiteren Geschäftszweig, den Handel mit Obst. Jede Fahrt nach Südtirol verband sie mit dem Einkauf von Äpfeln und Birnen, die sie dann im Engadin von Haus zu Haus anbot. Wie sie die Zollprobleme löste, ist mir unklar. Da sich aber meine Mutter mit fast allen Menschen gut verstand, wird sie sicher das eine oder andere längere Gespräch mit einem Zollbeamten geführt

haben; meistens so lange, bis es zu ihrer Zufriedenheit beendet werden konnte.

Allerdings gelang es ihr nicht immer, die Zollbeamten um den Finger zu wickeln. Als sie sich eines Tages das Auto meines Bruders Fritz, der gerade Militärdienst absolvierte, auslieh, übersah sie, dass sein Sturmgewehr noch im Auto lag. Es kam, wie es kommen musste. Am Reschenpass entdeckte der italienische Zoll die Waffe, und das in einer Zeit, in der es regelmäßig zu Anschlägen in Südtirol kam. Südtirol strebte nach der Autonomie. Man wollte unabhängig von Italien sein. Meine Mutter wurde zunächst einmal verhaftet. Stundenlange Verhöre folgten. Schließlich gelang es ihr zu beweisen, dass alles ein Missverständnis war und sie nicht zu den Unterstützerinnen der Separatisten gehörte.

Selbst das Betreiben einer Milchbar, eines Obsthandels, eines Taxiunternehmens und der Tätigkeit als LKW-Fahrerin (das alles neben ihren Aufgaben als Mutter und Hausfrau) reichten nicht aus, um das Bedürfnis meiner Mutter, neue Ideen zu realisieren, zu bremsen. Eines Tages meinte sie, dass eine Tankstelle in Strada fehle. Doch dafür musste erst einmal ein Grundstück direkt gegenüber der Milchbar erworben werden. Besitzer dieser Parzelle war mein Onkel, der gar nicht verstehen konnte, dass hier eine Tankstelle entstehen sollte, gab es doch schon eine in Martina und eine weitere in Ramosch. Doch auch er konnte dem unermüdlichen Drang meiner Mutter, etwas durchsetzen zu wollen, nicht widerstehen. Er gab nach. Er verkaufte das für die Tankstelle nötige Grundstück. Nun wurde der Tank und die

Tanksäule der Firma „Gulf“ installiert. Es gab nur eine Zapfsäule für Benzin. Doch das Kernstück der neuen Tankstelle war ein Kiosk. Hier verkaufte meine Mutter Zigaretten, Schokolade, Kaugummi und andere Süßigkeiten. Alles war recht einfach gehalten: Der Kiosk bestand aus einigen Brettern, einem Dach, alten Fenstern und einem Verkaufstisch. Weder eine Heizung noch einen Kühlschrank gab es. Das führte dazu, dass im Winter alles ausgeräumt werden musste, weil der Frost die Qualität vor allem der Süßigkeiten mindern würde. Im Sommer war auch die Schokolade gefährdet, sie drohte weich zu werden und zu schmelzen.

Ungewöhnlich war auch die Ausrichtung meiner Hochzeit, die natürlich von meiner Mutter organisiert wurde. Unsere finanziellen Mittel waren zu begrenzt, um eine Feier mit vielen Gästen gestalten zu können, trotzdem – so hatte meine Mutter beschlossen – sollte es eine „große Hochzeit“ werden. Kurzerhand wurde die Garage, in der sonst die LKWs standen, ausgeräumt und frisch gestrichen. Die Wände wurden mit Rohrmatten geschmückt, Tische, Stühle und Bänke aus dem ganzen Ort besorgt. Meine Mutter engagierte einen Koch, der für die ca. 80 Gäste die Mahlzeiten zubereitete. Für den Hochzeitsball nach dem Nachtessen reichten die Räumlichkeiten nicht aus, denn zum Ball waren alle Dorfbewohner, Freunde und Bekannten eingeladen. Dazu gingen wir in das Hotel „Da la Posta“ in Martina. Für die Musik sorgte die Hauskapelle der Familie Janett. bestehend aus den Geschwistern meines Vaters und anderen Verwandten.

Trotz ihrer ungewöhnlichen Ideen und ihrem selten angepassten Verhalten war meine Mutter im Dorf beliebt. Man schätzte ihre Hilfsbereitschaft und ihre Verlässlichkeit. Immer dann, wenn es schwierig wurde, war Elisabeth ein Rettungsanker. Als ein junger Mann mit seinem Töff auf der Strecke zwischen Ramosch und Scuol verunglückte, war sie sogleich mit dem Auto zur Stelle und leistete Erste Hilfe. Sie brachte ihn ins Spital in Scuol, wo er weiter versorgt werden konnte. Ihrem raschen Eingreifen – so erzählte man später – war es zu verdanken, dass sein Leben gerettet wurde. Als während des Krieges die Lebensmittelrationierung eingeführt wurde, war meine Mutter zuständig für die Verteilung der Lebensmittelmarken. Ihr traute man ein korrektes Verhalten zu. Trotz mancher Anfeindungen hielt sie sich an die Vorschriften, keine Person, nicht einmal die eigenen Familienmitglieder bevorzugte sie.

Zugleich nahm sie sich Freiheiten heraus, die für andere auch anstößig waren. So brachte sie uns Jugendliche des Ortes regelmäßig mit dem Taxibus unentgeltlich zum Tanzen in die „Maultasch“ nach Nauders. Sie war der Meinung, dass junge Burschen und Mädchen ihren Vergnügungen nachgehen mussten. Ungerechtigkeiten nannte sie beim Namen. Was ihr nicht gefiel, sprach sie offen aus. Für Frauen, die als Fremdarbeiterinnen in der Hotellerie oder als Hausgehilfinnen arbeiteten, hatte sie ein offenes Herz. Zu ihrer Abdankung erschienen viele Unbekannte, die sich auf diese Weise für das soziale Engagement meiner Mutter bedanken wollten. So sagte ein mir fremder Mann

als Kondolenzzuspruch: „Von Elisabeth habe ich in ihrer Milchbar immer einen Kaffee bekommen. Sie hatte ein großes Herz.“

1930 Konfirmation Elisabeth

Der goldene Armreif

Meine Tante Kati, Schwester meiner Mutter, trug bei festlichen Anlässen immer einen kostbaren Armreif. Als Mädchen bewunderte ich dieses schöne Schmuckstück. Es hatte etwas Geheimnisvolles. Erst als junge Frau traute ich mich, sie nach der Herkunft des goldenen Reifs zu fragen. Bereitwillig gab meine Tante Auskunft: „Das ist der Schmuck meines Papas. Den hat er aus Venezuela mitgebracht. Es sollte der Brautschmuck für seine zukünftige Frau werden. Bevor er nach Venezuela auswanderte, war er in ein Mädchen aus dem Engadin verliebt. Er hatte die Vorstellung, wenn er reich aus Südamerika zurückkehrte, würde sie ihn bestimmt heiraten. Zur Hochzeit mit seiner früheren Angebeteten ist es aber nie gekommen. Viel später hat er mir dann den Reif geschenkt." Auf meine fragenden Blicke hin erzählte sie dann mehr von meinem Großvater Cla Gisep, den ich nie bewusst erlebt hatte. Als er starb, war ich drei Jahre alt. In meiner Familie sprach man selten über ihn, nur hin und wieder gab es eine kurze Bemerkung, meistens wurde über ihn geschwiegen. Nun erfuhr ich einiges, wenn auch nur an-

deutungsweise, aus der Lebensgeschichte dieses Mannes, um den es so geheimnisvoll zuging. Ich hatte mich bislang auch nicht getraut, genauer nachzuforschen, da ich bei jeder Frage, die ich meiner Mutter zu ihrem Vater stellte, spürte, wie unangenehm es ihr war, über ihn zu sprechen. Tante Kati war da offener.

Als junger Mann war Cla Gisep mit seinem Freund nach Venezuela ausgewandert. Gemeinsam bauten sie einen überaus erfolgreichen Kaffee- und Kakaohandel auf. Sie betrieben sowohl ein örtliches Geschäft in Südamerika, exportierten aber auch ihre Waren weltweit, selbst in ihrer ehemaligen Heimat waren ihre Produkte bekannt. Anfang des 20. Jahrhunderts kehrte Cla Gisep, reich geworden, ins Engadin zurück. Natürlich wollte er seine Jugendliebe, deren Name in der Familie nie genannt wurde, auch Tante Kati kannte ihn nicht, sofort heiraten. Doch sein Traum von der Hochzeit platzte. Sie hatte in seiner Abwesenheit einen anderen Mann geheiratet. Nur der goldene Armreif und seine tiefe Enttäuschung waren von seinen Träumen, die er als junger Auswanderer gehabt hatte, übrig geblieben.

Doch das Leben ging weiter. Cla kaufte von seinem Vermögen, das er in Venezuela erworben hatte, ein Hotel und wurde Hotelier. Dort lernte er meine Großmutter Anna kennen, die als junges Mädchen aus Deutschland, aus der Gegend von Aachen in der Nähe der niederländischen Grenze, aus Scherpenseel, kam. Sie hatte ihre Heimat vor dem Ersten Weltkrieg verlassen, um in der Schweiz Geld zu verdienen und ihren Lebensunterhalt zu bestreiten. Sie arbeitete als Serviertochter und Haus-

mädchen in jenem Hotel, das Cla erworben hatte. Zwar war Clas Traum von der großen Liebesheirat zerbrochen, nicht aber sein Wunsch, eine Familie zu gründen. Anna gefiel ihm. Schon nach kurzer Zeit heirateten sie. „Dass sie nur zweite Wahl war, hat er sie nie spüren lassen", bemerkte meine Tante. „Von seiner Jugendliebe hatte ich auch nur erfahren, weil er mir die Geschichte von dem Armreif erzählt hatte", fuhr sie fort.

Cla und Anna bekamen Kinder, meine Mutter Elisabeth, geboren 1914, war die älteste Tochter, meine Tante Kati, 1925 zur Welt gekommen, die jüngste. Zwei Söhne, Mario und Fernando, vervollständigten die Familie. Cla war ein treusorgender Ehemann, dazu ein hilfsbereiter Mensch, der bereitwillig von seinem Vermögen abgab. Niemandem konnte er einen Wunsch abschlagen. Seine Großzügigkeit war allgemein bekannt. Er war beliebt und gleichzeitig viel zu vertrauensselig. Einige nutzten das aus. Zunehmend schmolz sein Reichtum dahin. Schließlich hatte er für seinen ehemaligen Geschäftspartner aus Venezuela, der zwischenzeitlich auch zurückgekehrt war, mehrere Blankoschecks ausgestellt, die allesamt platzten. Das Hotel kam unter den Hammer, nur mit großer Mühe konnte das gemeinsame Haus in Seraplana gerettet werden, das vertraglich abgesichert meiner Großmutter Anna gehörte. Cla hatte es ihr frühzeitig überschrieben, damit sie nach seinem Tod versorgt war.

„Cla war nach seiner Rückkehr aus Venezuela zwar reich, aber ein gebrochener Mann", fuhr Tante Kati fort. Im Laufe der Jahre wurde er zunehmend depressiv. Von

seinem Hausarzt bekam er Morphium verschrieben, um seine Gemütsbewegungen erträglicher zu halten. Davon wurde er abhängig. Zunehmend fiel es ihm schwer, den normalen Alltag zu bewältigen. Eines Tages fand ihn meine Mutter vor dem Spiegel stehend mit einem Revolver in der Hand, den er sich an die Stirn hielt. Nur ihr lauter Schrei hielt ihn davon ab, tatsächlich abzudrücken. Im letzten Moment konnte so ein Selbstmord verhindert werden. Schließlich kam es aber doch zu diesem Schritt. Der Zweite Weltkrieg dauerte schon zwei Jahre, als Cla eines Tages vermisst wurde. Das ganze Dorf suchte ihn. Man fand seine Jacke am Innufer, an der Platta Mala. Alle Anzeichen sprachen für einen Freitod. Einige Tage später teilte die örtliche Polizeibehörde meiner Großmutter Anna mit, dass man eine Nachricht aus Innsbruck erhalten habe. Dort habe man in einem Wehr des Inn einen Leichnam gefunden. Vermutlich sei es Cla. Er wurde anonym in Innsbruck begraben. Niemand aus der Familie konnte an der Beisetzung teilnehmen, Österreich war Kriegsgebiet und fest in der Hand der Nazis. Keiner traute sich, über die Grenze in Feindesland zu fahren.

Clas Tod war für die Familie eine große Belastung, genauso wie seine Sucht und seine Depressionen. Niemand mochte darüber reden. Erst als meine Mutter sehr alt war, habe ich mit ihr über ihren Vater sprechen können und dabei gemerkt, wie schmerzlich für sie die Erinnerungen an ihn waren. Seinen Freitod zu begreifen war allen Familienangehörigen nicht leicht gefallen. Vieles konnte nie geklärt werden, manches ist bis heute noch geheimnisvoll. Wie ein Schatten hat sein Leben und sein

Tod meine Familie begleitet. Da ich Cla nur aus einzelnen Bemerkungen und dem Gespräch mit meiner Tante Kati kannte, ist er für mich bis heute geheimnisumwoben geblieben.

Erst nach dem Gespräch mit ihr konnte ich mir die einen oder anderen unverständlichen Reaktionen meiner Mutter in manchen Situationen erklären; hat sie doch gerade als älteste Tochter die Depressionen und die Morphiumabhängigkeit ihres Vaters unmittelbar erlebt. Psychologische Begleitung wie heute gab es damals nicht. Neben dem goldenen Armreif, der in den Besitz meiner Tante gelangte, erinnere ich mich noch gut an die Landwirtschaft mit dem Haus in Seraplana, die meine Großmutter Anna und meine Eltern betrieben. Hier bin ich zur Welt gekommen.

Bis heute erfüllt mich Trauer, wenn ich an Cla denke. Wie viel mag da in seiner unmittelbaren Umgebung und im engsten Familienkreis tagtäglich unter den Teppich gekehrt worden sein? Was ist alles unausgesprochen geblieben? Was musste dort alles ertragen werden? Wie wäre sein Leben verlaufen, wenn seine Jugendliebe auf ihn gewartet hätte? Wäre dann sein Leben sorgenfreier gewesen?

1910 Großvater Cla

1938 Villa Fulia
von Cla Gisep

1914 Anna,
Cla und Elisabeth

Die Autos mit dem Stern

Der ganze Stolz meiner Eltern waren die Lastwagen mit dem Stern. Ihr Fuhrpark – wenn man das so nennen darf – bestand aus zwei LKWs, einem Jeep, zeitweise einem VW-Bus und zwei PKWs. Lastkraftwagen eines deutschen Automobilherstellers aus Stuttgart zu besitzen, war im Engadin etwas Besonderes. Von den Schweizer Fabrikaten wie „Saurer“ und „Berna“ hielten meine Eltern nicht viel. Beeinflusst war natürlich ihre Meinung vom Garagisten Walter Dürst aus Davos, der die deutschen Fabrikate vertrieb.

Begonnen hatte mein Vater 1941 mit dem Transportgeschäft. Mein Großvater Cla Gisep hatte ihn dabei finanziell unterstützt und davon überzeugt, dass das Fuhrgeschäft auch in schlechten Zeiten eine Zukunft habe. Transportiert werden müsse immer etwas. Das Sägewerk Pattis in Martina beauftragte Fuhrunternehmen mit der Auslieferung der geschnittenen Bretter. Die Gemeinde Tschlin produzierte viel Brennholz, das zu den Käufern gebracht werden musste. Auf Aufträge dieser beiden

Produzenten setzten meine Eltern bei der Gründung ihres Geschäftes. So kam es dann auch: Die Firma Pattis und die Forstverwaltung Tschlin waren anfänglich die besten Kunden. Der Brettertransport zum Bahnhof Scuol wurde nunmehr von meinen Eltern, von der Firma Janett aus Strada übernommen, schneller und günstiger als bisher. Die Brennholzauslieferung wurde zu Hotels und Privatpersonen in der ganzen Region durchgeführt. Das erste Fahrzeug, das sie besaßen, war noch kein Auto mit dem Stern, sondern ein Chevrolet-Benziner.

Doch auf die Idee, ein Transportunternehmen zu gründen, kamen auch andere. Mit zwei weiteren Fuhrunternehmen standen meine Eltern im ständigen Konkurrenzkampf, einer Firma Kirchen & Pfister aus Scuol und der Firma Denoth aus Ramosch. Um jeden Auftrag wurde mit allen Tricks gekämpft. So galt es, die Sympathie des Försters in Tschlin, unseres Nachbarn, zu erobern, denn er erteilte schlussendlich die Aufträge für die Brennholzauslieferung. Das gelang meinen Eltern nur sehr begrenzt, da meine Mutter über wenig diplomatisches Geschick verfügte. Das eine oder andere Mal griff sie den Förster persönlich mit beleidigenden Worten an. Sie konnte nicht verstehen, dass sie als steuerpflichtige Bewohnerin von Tschlin nicht bei der Auslieferung bevorzugt wurde. Ein anderer wichtiger Schauplatz für den Konkurrenzkampf war die Post- und Telefonstelle in Strada. Hier konnte die Telefonistin mithören, was mein Vater oder meine Mutter geschäftlich verhandelten. Meine Mutter wurde den Verdacht nicht los, dass manches misslungene Geschäft seine Ursache darin hatte, dass der Telefondienst des Ortes nicht immer diskret war.

Der „eigentliche Chef“ der Firma Janett war meine Mutter. Sie führte meistens die Verhandlungen mit den Geschäftspartnern. Sie stellte die Angebote zusammen, bestimmte die Preise und organisierte die Durchführung der Transporte. Ihr war es zu verdanken, dass der Betrieb expandierte. Nach Kriegsende nahm die Bautätigkeit zu, Baumaterialien mussten transportiert werden. Der Bau der Engadiner Kraftwerke begann. Zwei neue, größere Lastwagen, nun mit dem Stern, wurden angeschafft. Für die Metzgerei Juon in Sent und die Bäckerei Heinrich in Ramosch wurde die Auslieferung der Fleisch- und Backwaren durchgeführt, für viele Einheimische eine Revolution, da bis dahin der Vertrieb dieser Produkte mit Ross und Verkaufswagen geschah.

Die Interessen meines Vaters waren andere. Er liebte das Musizieren im Musikverein Tschlin, der von seinem Vater geleitet wurde. Zwei Mal wöchentlich führte ihn der Weg hinauf nach Tschlin, anfangs zu Fuß, später mit dem PKW. Die Übungsstunden mit seinen Brüdern und Freunden von 20.00 Uhr bis mindestens 22.00 Uhr genoss er, auch das anschließende Beisammensein, das sich oft bis nach Mitternacht hinzog. Da alle Bitten meiner Mutter, doch früher heimzukehren, nicht fruchteten, kam sie auf die Idee, mich zu den Proben mitzuschicken. Vielleicht, so hoffte sie, könnte ja meine Anwesenheit ihn zu einer zeitigeren Rückkehr bewegen, denn Kinder gehörten – das müsse ja schließlich auch mein Vater einsehen – früh ins Bett. Aber auch diese Maßnahme meiner Mutter hatte nur gelegentlichen Erfolg. Ich hingegen habe es genossen, der Musik zuzuhören und später dann auf dem Schoß meines Vaters oder Großvaters einzuschlafen.

Die zweite Liebe meines Vaters gehörte den Büchern, er las bei jeder Gelegenheit. Zum Verdruss meiner Mutter leitete er auch noch den Gemischten Chor Strada-Martina, zudem liebte er den Volkstanz. Er war begeistert von allem, was mit Kunst zu tun hatte. Er sorgte dafür, dass die Familie mit dem Theater in Innsbruck in Berührung kam. Regelmäßig besuchten wir Vorstellungen. Ich kann mich erinnern, wie beeindruckt ich war, als wir „Figaros Hochzeit" sahen. Er liebte die Geselligkeit, das Gespräch, den Gesang, die Musik, die Literatur. Er war mehr ein Gemütsmensch als ein Geschäftsmann.

Um alle anfallenden Aufgaben im Transportunternehmen zu bewältigen, waren später in der Firma ein bis zwei Chauffeure beschäftigt. Einer von ihnen war Not Denoth. Er war zuverlässig und engagiert, trank aber auch hier und da gerne ein Bier, des öfteren auch zwei. Not war ein liebenswerter Mensch, die Familie mochte ihn. Eines Abends im Winter kehrte Not auf ungewöhnliche Weise zu unserem Haus zurück. Wir warteten schon eine ganze Weile auf seine Rückkehr. Das Nachtessen stand längst bereit und wurde allmählich kalt. Unsere Ungeduld wuchs. Endlich sahen wir die Scheinwerfer unseres LKWs näherkommen. Not schien zurückzukehren. Plötzlich, ganz unverhofft, schlug der LKW eine Kurve ein, bog von der Straße ab, durchbrach den Gartenzaun, fuhr über die Beete unseres Gartens geradewegs die schneebedeckte Wiese hinunter. Der Kühler des LKWs grub sich in den Boden eines kleinen Hügels ein, wir konnten nur noch die Schlusslichter sehen. Angst und Entsetzen ließen uns erstarren. Wir befürchteten das Schlimmste. Nach einer Schrecksekunde stürzten wir zum Fenster. War Not etwas

geschehen? Dunkelheit umhüllte alles. Doch schon nach kurzer Zeit waren wir erleichtert. Not stand völlig verwirrt vor der Haustür. Unsicherheit und Freude über Nots Unversehrtheit, fragende Gesichter, Vermutungen, was wohl die Ursachen für diese ungewöhnliche Rückkehr gewesen sein könnten, Ärger und Beschwichtigungen bestimmten in einem wirren Durcheinander in den nächsten Minuten unsere Gefühle und unser Reden. Not blieb stumm. Schließlich setzten wir uns alle zu Tisch und aßen schweigend. Am nächsten Tag wurde der LKW geborgen, der Schaden hielt sich in Grenzen.

Mein Vater ist schließlich aus dem Transportgeschäft ausgestiegen. Er kehrte in seinen erlernten Beruf des Elektrikers zurück. Meine Mutter konzentrierte sich auf den Personentransport und ihre anderen vielfältigen Aufgaben. Ein Lastwagen wurde verkauft, den zweiten übernahm mein Bruder Cla. Er spezialisierte sich auf Ferntransporte, die ihn bis nach Dubai und Teheran brachten.

1948 Flurinda mit Brüdern

1958 Gesangsfest in Vicosoprano

Ein Haus, das den Berg nicht hinaufkam

Heidi ist eine ganz alte Freundin. Kennengelernt habe ich sie schon zu Sekundarschulzeiten, damals zunächst als Brieffreundin. Anfang der fünfziger Jahre war es üblich, dass Gemeinden aus dem Thurgau an bedürftige Bergschulen in Graubünden „Pausenäpfel“ verschenkten. Kistenweise wurden sie angeliefert und bildeten den Vorrat für den ganzen Winter. In Briefen bedankten wir uns dafür bei Schülern und Schülerinnen der Sekundarschule Horn. Heidi bekam einen Brief von mir.

Überraschenderweise antwortete sie mir, was sonst nicht üblich war. Nach mehreren Briefwechseln hatte meine Mutter die Idee, Heidi zu uns nach Strada einzuladen. Ostern 1953 besuchte sie uns. Auf dem Bahnhof in Scuol sah ich sie zum ersten Mal. Sie hatte lange Zöpfe, die ich

sehr bewunderte. Auf Anhieb waren wir uns sympathisch. Schon im Sommer kam es zum Gegenbesuch am Bodensee. Wir redeten über alles, wir sangen immer beim Abwasch. Sie zeigte mir die Schönheiten rund um den See. Ich habe sie mit den langen Engadiner Wintern vertraut gemacht, beide haben wir ununterbrochen Bücher verschlungen und uns darüber ausgetauscht. Wir wurden mit einem Wort „beste" Freundinnen und sind es bis heute.

Siebzehnjährig wollten wir gemeinsam ein Jahr in England verbringen, um dort Englisch zu lernen. Aber meine Mutter gestattete es mir nicht. Sie wollte, dass ich zu Hause blieb, um ihr im Haushalt behilflich zu sein. Gerade in den Sommermonaten war reichlich zu tun, unser Fuhrunternehmen nahm sie ganz in Anspruch, und zur Hausarbeit fehlte ihr die Lust. Die sollte von nun an zu meinen Aufgaben gehören – zumindest wenn das Fuhrunternehmen ihr Engagement verlangte. Ich könne ja auch in den Wintermonaten England besuchen, da nähme sie das Geschäft nicht so in Anspruch, so ihre Vertröstung. Doch zu einem Englandbesuch ist es nie gekommen. Also fuhr Heidi alleine nach London. Schon in ihren ersten Briefen schwärmte sie von der englischen Lebensart. Eine ganz neue Welt tat sich für sie auf.

Immer öfter erzählte sie von einem Studenten der Geologie. Mit Roger verbrachte sie viele Stunden ihrer Freizeit. Er zeigte ihr das Leben in Studentenkreisen, das ihr zunehmend imponierte. Heidi war nicht nur von London begeistert, sondern auch von Roger. Aus der anfänglichen Schwärmerei wurde ernsthafte Zuneigung, schließlich beschlossen beide zu heiraten.

Während eines Besuch im Engadin waren sie von der Kirche in Tschlin sehr angetan. Auch Pfarrer Blanke gefiel ihnen. Schnell war klar, dass die geplante Hochzeitsfeier in Tschlin nach Engadiner Art gefeiert werden sollte, mit Gottesdienst, großem Nachtessen und dem „Bal da nozzas", zu dem das ganze Dorf eingeladen war. Neben den Familienangehörigen, den Dörflern, den vielen Freunden von Heidi und Roger, waren zum Hochzeitsfest mindestens zwanzig Kommilitonen von Roger aus England mit Rucksack und Schlafsack angereist. Mit Mühe gelang es uns, alle Gäste in Wohnstuben und Kammern unterzubringen.

Die Hochzeitsfeier war ein Riesenereignis, nicht nur für die englischen Studenten, die sich mit der traditionellen Volksmusik erst zurückhaltend, dann aber immer begeisterter anfreundeten, sondern auch für die Dorfbevölkerung. Sie erlebten erstmals, dass eine große Gruppe von Menschen sich in einer für sie unbekannten Sprache unterhielt, die ganz anders war als ihre eigene. Eine Mischung aus Neugierde, vorsichtiger Annäherung, Distanz und Bewunderung bestimmte die Begegnungen zwischen beiden Kulturen. Trotz der Fremdheit untereinander war die Feier von großer Freude und gegenseitigem Interesse aneinander geprägt. Es wurde viel gelacht, getanzt und mit Händen und Füßen, mit Mimik und Gestik nonverbal kommuniziert.

Vierzehn Jahre lebten Roger und Heidi in London, Roger arbeitete als Lehrer, Heidi war Kindergärtnerin. Ihre Verbundenheit zu Tschlin riss jedoch nie ab. Bald reifte der Entschluss, ein Haus in dem Bergdorf zu bauen. Ein

preiswertes Grundstück war schnell gefunden. Da das Budget der beiden für den Hausbau begrenzt war, sollte alles möglichst billig sein. Roger hatte sogleich eine Idee: Fertighäuser aus England waren bei weitem preiswerter als Schweizer Massivhäuser. Zwar mussten die Grundsäulen und das Fundament von einer einheimischen Firma gegossen werden, aber alles andere sollte aus England angeliefert werden. Ein Holzhaus, bestehend aus vier Wänden mit einem Flachdach, sollte es sein. Roger ließ sich davon überzeugen, dass Flachdächer für das winterliche Engadin ungeeignet seien, aber zu mehr als einem Giebeldachhaus ließ er sich nicht überreden.

Dann kam der Tag der Anlieferung. Zwei große, langgezogene Lastwagen voll beladen mit Hauswänden, Balken, Fenstern, Türen und anderem Zubehör hatten den Weg von London über den Ärmelkanal durch Frankreich und Deutschland, über den Flüelapass bis nach Strada, Abzweigung Tschlin, problemlos bewältigt. Doch hier war dann die Fahrt beendet. Trotz mehrerer Anläufe war es nicht möglich, die schwere Last den Berg hinauf zu transportieren. Die Motoren der LKWs waren einfach zu schwach, starke zusätzliche Zugmaschinen waren nicht aufzutreiben. Außerdem ließ es der Stolz der englischen LKW-Fahrer nicht zu, die PS-Schwäche ihrer Fahrzeuge einzugestehen.

Zur Belustigung aller Einheimischen dauerten die hoffnungslosen Versuche, die letzte Etappe bis zum Grundstück zu meistern, länger als einen Tag. Alle Dorfbewohner sahen sich darin bestätigt, was für eine absurde Idee es war, ein Fertighaus aus England in einem

Schweizer Bergdorf aufzustellen. Schließlich hatte mein Vater die Idee, die Ladung nach und nach auf einen Jeep und einen kleineren, leistungsstarken LKW umzuladen und so die Teile des Fertighauses zum Bauplatz in Tschlin zu transportieren. Nach drei Tagen mühsamer Arbeit war endlich der Transport abgeschlossen.

Heidis Heimweh und Rogers Liebe zum Engadin waren so groß, dass beide zwei Jahre nach dem Hausbau ins Engadin zogen. Roger wurde Lehrer am Lyceum Alpinum in Zuoz, Heidi leitete den Kindergarten in S-chanf. Das Haus in Tschlin war anfänglich ihr einfaches Ferienhaus, das Roger aber in jeder freien Minute zu einem wahren Schmuckstück umgestaltete. Unter seinem Holzhaus entstand zwischen den Betonsäulen eine komplette neue Wohnung. Durch zahlreiche Erweiterungen wuchs das Haus. So entstanden auch die kunstvollen Fenster, die Roger mit Hilfe der Tiffanytechnik angefertigt hatte. Heute noch kann man sie bewundern. Nach Rogers Pensionierung zogen Heidi und er endlich ganz nach Tschlin.

Natürlich ihr Mann

Es ist kaum zu glauben, aber es hat geklappt. Wir haben die Stelle eines Posthalters in Susch erhalten, nein, genauer: Nicht wir, nicht ich, Curadin hat sie bekommen, obwohl er gar keine Ausbildung dafür hatte. Aber der Reihe nach. Ich war qualifiziert, hatte Postgehilfin in Trübbach gelernt, aber eine Anstellung als Posthalterin bekam ich nicht. Im Regelfall wurde eine Posthalterstelle von einem Mann geführt, Frauen konnten nur als Postgehilfin ausgebildet und angestellt werden. Posthalterstellen für Frauen gab es so gut wie gar nicht, es sei denn, man hatte Beziehungen und kam aus einer alteingesessenen und geachteten Familie. Für junge Frauen war es damals üblich, sich nach der Ausbildung möglichst rasch zu verheiraten, Kinder zu bekommen und den Haushalt zu führen. Das war auch mein vorgeschriebener Lebensweg. Dabei hätte ich gerne noch mehr gelernt, zumindest hätte ich meinen Beruf ausüben wollen, vor allem aber wollte ich viel Neues entdecken. Ich war jung und neugierig. Aber meine Mutter sah darin keinen Sinn. Ich sollte möglichst schnell unter die Haube. Also kam es so,

wie es kommen musste: Hochzeit mit Curadin, Kinder bekommen und die Landwirtschaft der Schwiegereltern übernehmen.

Dann wurde – es war im Jahr 1972 – die Stelle eines Posthalters in Susch ausgeschrieben. Wir wohnten damals in Zuoz. Curadin konnte nicht länger in der Landwirtschaft arbeiten, er reagierte auf den Stallgeruch allergisch. Er hatte in Zuoz die Hausabwartsstelle im Schulhaus bekommen. Die Posthalterstelle in Susch interessierte mich, schließlich hatte ich dafür die Ausbildung gemacht. Außerdem gefiel mir Susch, zwischen dem Ober- und Unterengadin gelegen; von hier aus war es nicht weit zu meinen Freundinnen und Verwandten. Und nicht zuletzt galt es auch, den Lohn in Erwägung zu ziehen, die Arbeit einer Posthalterin in Susch wurde bei weitem besser honoriert als die in Zuoz. Allerdings hatte ich zwei Mal bei anderen Bewerbungen schlechte Erfahrungen gemacht. Nicht ausgebildete Männer wurden mir vorgezogen.

Trotzdem schlug ich meinem Mann vor, uns in Susch zu bewerben. Ich nahm die Sache in die Hand. Diesmal wollte ich alles richtig machen. Deshalb rief ich bei Herrn Hartmann von der Kreispostdirektion Chur an und erklärte ihm, dass wir, das Ehepaar Raschèr, großes Interesse an der ausgeschriebenen Stelle in Susch hätten. Ich wollte von ihm konkret wissen, wer sich von uns beiden, mein Ehemann oder ich, um die Stelle bewerben sollte. Dass sich ein Ehepaar gemeinsam eine Stelle hätte teilen können, war damals ausgeschlossen. „Ich bin als Postgehilfin ausgebildet mit guten Abschlüs-

sen, mein Mann nicht“, erklärte ich dem Personalchef. Herr Hartmann antwortete ohne Umschweife: „Natürlich muss sich Ihr Mann bewerben, als Frau haben Sie keine Chance. Das Engadin ist nicht Zürich oder Basel, da geht es noch nach der Tradition. Bevor die Frauen eine Posthalterstelle bekommen, müssen ihre Männer in Lohn und Brot gebracht werden. Aber die Erfolgschancen Ihres Ehemannes sind hervorragend, da er eine Ehefrau hat, die gut qualifiziert ist. Sie als gelernte Postgehilfin wissen ja, was zu tun ist, Sie kennen die Abläufe. Wir kontrollieren nicht, wer die Arbeit macht. Hauptsache, sie wird erledigt. Aber Ihren Ehemann stellen wir ein, wenn er sich bewirbt und wir ihn für geeignet halten.“

So kam es dann auch. Auf Curadins Namen wurde der Anstellungsvertrag ausgestellt. Am 1. Januar 1973 trat er (und nicht wir oder ich) die Stelle an. Auf seinen Namen war das Konto ausgestellt, auf das das Gehalt überwiesen wurde. Für ihn wurde Geld in die Pensionskasse eingezahlt. Natürlich haben wir uns die Arbeit geteilt. Curadin übernahm meistens die Zustellung, ich war für die Schalterstunden zuständig und für all das, was es zu organisieren gab. Die Monatsabrechnungen musste ich erledigen. Für alle Schreib- und Rechenarbeiten war ich zuständig. Curadin weigerte sich strikt, diese Arbeiten zu erlernen. Natürlich haben wir uns auch gegenseitig vertreten, meistens bedeutete das aber, dass ich auch noch die Zustellung zu erledigen hatte, nur im äußersten Notfall übernahm Curadin die Schalterstunden.

1973 war das die „normale“ Rollenaufteilung der Geschlechter. Das Frauenwahlrecht war in Graubünden ge-

rade in Kraft getreten, aber in vielen Dingen hatten wir Frauen nichts zu sagen, wir durften immer noch nicht selbstständig Geschäfte abschließen, ohne Zustimmung des Ehemannes keine Verträge unterzeichnen oder ein Bankkonto eröffnen. In meiner Arbeit kam ich mir manchmal vor wie eine Lehrtochter, die nichts selbstständig entscheiden durfte, aber alles besser konnte als der „Lehrherr“. Ein Lehrherr war Curadin bestimmt nicht, wie denn auch, er hatte den Beruf gar nicht gelernt. Wenn es Inspektionen gab, wussten die Prüfer aus Chur genau, mit wem sie zu verhandeln hatten. Meine Aufgabe war es, alles genau zu erklären und die Arbeit vorzustellen. Curadin jedoch durfte die Protokolle gegenzeichnen.

Zwei Jahre nach meiner Ausbildung 1957/58 hatte ich in der ganzen Schweiz verschiedene Posthaltervertretungen übernommen und meine Fähigkeiten unter Beweis gestellt, anerkannt wurde das bei unserer Bewerbung in Susch nicht. Ich habe die Arbeit erledigt, aber gelobt dafür wurde mein Mann. Was sollte ich tun in dieser von Ordnung, Tradition und Männerherrschaft bestimmten Zeit? Ich habe mich gefügt – meistens.

Wie dominant diese Tradition der Männergesellschaft war, ist mir 1995 noch einmal bewusst geworden. Als ich damals nach der Trennung von meinem Mann eine Wohnung in Scuol erwerben wollte, musste ich die schriftliche Zustimmung meines Mannes (wir waren noch nicht geschieden) einholen. Der Weg zur Gleichberechtigung von Mann und Frau ist ein langer und steiniger. Allgemeine Gesetze und Forderungen sind das eine, die Praxis ist oft anders.

Fremd in Susch

In der Posthalterstelle konnte ich zeigen, was ich gelernt hatte. Susch sollte unser Zuhause werden. Wir hatten uns nach und nach eingerichtet. Ich hatte genügend Zeit für die Kinder, konnte mich um den Haushalt und die Postgeschäfte kümmern. Curadin trug gerne die Briefe aus, er war beliebt bei den Dörflern. Er schloss schnell Männerfreundschaften. Das verdankte er auch seiner sozialen Einstellung. Dort, wo er helfen konnte, packte er gerne mit an. Unsere angemietete Wohnung war schön, aber ein wenig eng und schattig. Warum nicht ein Haus bauen?

Mitten im Ort war ein Bauplatz frei. Die Baukredite waren keineswegs günstig. Sieben Prozent sollten wir zahlen. Doch wenn die Gemeinde unseren Hausbau befürwortete, konnte der Zins um zwei Prozent reduziert werden. Diese Zustimmung war für die Finanzierung wichtig. Sollte sie von der Gemeindeversammlung bewilligt werden, unterstützte der Kanton den Hausbau mit weiteren Fördermitteln. Ich besorgte alle notwendigen Unterlagen, erledigte die Gänge zur Bank und zu den Behörden und führte zahlreiche Gespräche. Schließlich erhielten wir alle Fördermittel und Baukredite. Dabei hatte ich wieder dieselbe Erfahrung gemacht wie bei der

Bewerbung um die Stelle der Pöstlerin: Curadin war der offizielle Verhandlungspartner und nicht ich. Sein Name wurde in das Grundbuch eingetragen, er war Eigentümer des Hauses, er musste alles unterschreiben, damit die Verträge rechtskräftig waren. Ich kam nicht vor. Mir gehörte gar nichts.

Wir hatten davon gehört, dass es eine Schweizer landwirtschaftliche Bau- und Arbeitsgruppe im Engadin gab, die Hausbauten preiswert ausführte. Sie stellte die Arbeiter, die nach Stundenlohn bezahlt wurden, zur Verfügung. Die Bauherren mussten sich um alles andere kümmern. Der Chef dieser Gruppe war ein Engadiner und uns wohl bekannt. Für Kost und Logis gab es folgende Regel: Von elf Arbeitsstunden mussten wir nur zehn zahlen, die elfte wurde für Unterkunft und Verpflegung gegengerechnet.

Die Baugruppe mit ihren vorwiegend italienischen Arbeitern wurde von den Bauunternehmern der näheren Umgebung argwöhnisch beäugt. Wollten wir bei ihnen Baumaterial beziehen, wurden wir abgewiesen. Offen wurde das nicht begründet. Doch war uns rasch klar, dass sie sich über die Konkurrenz der landwirtschaftlichen Baugruppe ärgerten. Deshalb mussten wir die nötigen Materialien im italienischen Vinschgau besorgen. Die örtlichen Handwerker und Bauunternehmer schimpften wie die Rohrspatzen und redeten schlecht über uns. Wir seien Betrüger und Staatsfeinde. „Die günstigen Kredite der Schweiz nehmen sie in Anspruch, aber wir Schweizer Handwerker machen eine lange Nase beim Hausbau. Schmarotzer sind das. Kommunisten, die die Schweizer

Dorfkultur zerstören. Und das, obwohl sie Pöstler sind, die der Staat finanziert."

Die Arbeiter der Baugruppe waren fleißige Leute. Sie verstanden ihr Handwerk und konnten uns viele nützlich Tipps aus ihrem reichen Erfahrungsschatz geben. Sie wohnten bei uns. Beim gemeinsamen Essen wurden die Arbeitsabläufe und Pendenzen geplant. Sie konnten uns zum Beispiel sagen, wo wir in Südtirol die besten und günstigsten Baumaterialien beziehen konnten.

Die Zeit des Hausbaus war eine strenge Zeit. Ich kümmerte mich um die Post, die Kinder, den Haushalt und das Essen. Curadin verbrachte fast den ganzen Tag auf dem Bau. Durch seine kräftige Mitarbeit hatten wir große Vorteile bei der Gesamtfinanzierung. Mit jeder Eigenleistung konnten wir die Kosten in Grenzen halten. Da mein Vater Elektriker gelernt hatte, übernahm er alle Elektroinstallationen, wieder ein dicker Batzen, den wir sparen konnten.

Zum Richtfest luden wir alle Nachbarn und Freunde ein. Fast alle kamen, einige schätzten unsere Arbeit. Bei anderen war ich mir nicht sicher, ob wir ihr Misstrauen uns gegenüber durch das gemeinsame Fest besänftigen konnten. Nach außen hin gaben sich alle freundlich, aber ich merkte, dass es bei einigen hinter der Stirn mächtig brodelte.

Wir – nein, das stimmt nicht, ich vor allem – waren anders als die Einheimischen. Curadin war freundlich. Er reparierte fast alle Motoren des Dorfes, von Kettensägen

bis zu Traktoren. Auch wenn etwas an landwirtschaftlichen Maschinen kaputt war, wurde Curadin um Hilfe gebeten. Meistens verrichtete er seine Arbeit unentgeltlich. Ihn mochten die Dörfler. Ich war da anders. Ich konnte nicht immer meinen Mund halten; alles schweigend einstecken und mich fügen, war nicht mein Ding. Besonders der Gemeindepräsident wurde einer meiner ärgsten Widersacher. Oft ging es um Banalitäten, aber wir verstanden uns nicht. Immer stichelte er gegen mich. Ich habe trotzdem meine Meinung gesagt. Da hielt er am 1. August eine Rede zum Nationalfeiertag auf Deutsch. Sonst wird in Susch nur romanisch gesprochen. Romanisch ist für uns identitätsstiftend. Das ist unsere Muttersprache, die Sprache unserer Heimat. Die soll am Tag der Schweizer Nation plötzlich nicht mehr gut genug sein? Nur damit die wenigen Touristen seine Ansprache verstehen, spricht der Gemeindepräsident deutsch? Ich fand das peinlich und habe das auch gegenüber anderen geäußert, was man mir übel nahm. Ich wurde seither eine „Hetzerin" genannt. Ich entsprach nicht dem erwarteten Frauenbild.

Unser Alltag in Susch war zwiespältig. Einerseits war man uns gegenüber freundlich, zugleich auch ein wenig misstrauisch. Schließlich kannten wir den gesamten Postverkehr des Dorfes. Man beäugte uns kritisch, wir kamen nicht aus Susch, sondern aus Strada, Zugezogene eben. Wir hatten eine gut bezahlte Arbeitsstelle, das machte neidisch. Wir hatten uns beim Hausbau nicht an die Dorfgepflogenheiten gehalten und ein einheimisches Bauunternehmen beschäftigt, sondern mehr oder weniger in Eigenregie gebaut. Andererseits engagierten

wir uns aber auch für die Allgemeinheit. Mich hatte man schon nach zwei Jahren unseres Aufenthaltes in Susch zur Schulratspräsidentin der Oberstufe in Ardez gewählt. Ich hatte den Organistendienst in der Kirchengemeinde übernommen. Auf meine Initiative hin war ein Kindergarten entstanden. Doch sobald ich den Mund aufmachte und das Verhalten einiger Personen (meistens Männer) kritisierte, war das skandalös. Das galt als unangemessene, politische Einmischung. Das gehörte sich nicht für eine Frau. So war das damals: Entweder man fügte sich und sagte zu allem „Ja und Amen“ – dann hatte man seine Ruhe, oder man sagte seine Meinung und ging seinen eigenen Weg. Dann wurde „Frau“ geschnitten. Dann war man fremd am eigenen Wohnort.

Mit Abstand betrachtet fällt mir auf, wie naiv ich damals viele Dinge hingenommen habe. Damals war es für mich in Ordnung, dass Curadin als Mann zum Posthalter gewählt wurde und er allein alle Verträge unterschrieb. Es war für mich selbstverständlich, dass ihm allein das neuerbaute Haus gehörte, obwohl ich alles im Hintergrund organisiert hatte. Die Gespräche mit der Bank, die Verhandlungen mit dem Gemeindevorstand hatte ich geführt, für die Beschaffung der Baumaterialien hatte ich gesorgt. Bis heute habe ich die demütigenden und absurden Verhandlungen mit der Baukommission des Ortes noch in Erinnerung. Erst im Laufe der Zeit sind mir diese Ungerechtigkeiten bewusst geworden.

Beim Erinnern der alten Geschichten spüre ich aber auch meine Empfindlichkeit gegenüber Ungerechtigkeiten und Absurditäten. Schon damals habe ich gemerkt,

wie schwierig es ist, sich als Frau gegenüber alteingesessenen Platzhirschen zu behaupten. So hatten zum Beispiel einflussreiche Dorfgrößen willkürlich festgelegt, dass wir das obere Stockwerk unseres Hauses nicht ausbauen durften, obwohl das sonst im Dorf üblich war. Auch die unterschiedlichen Diffamierungen und Beschimpfungen, als „Schmarotzer“ und „Cotschens“ („Rote“) zu gelten, die bei den Verhandlungen mit der Gemeindeverwaltung fielen, haben mich damals sehr verletzt. Dabei bestanden wir nur auf unser Recht, das man uns aus unerklärlichen Gründen absprach. Vieles habe ich auch hingenommen aus Rücksicht auf Curadin. Er wollte es immer allen recht machen und keinen Ärger haben. Oftmals habe ich meinen Ärger und mein Unverständnis für mich behalten und stillschweigend heruntergeschluckt. Das hatte viel später dann auch psychosomatische Folgen. Ich bekam Schluckbeschwerden, die behandelt werden mussten. Curadin und ich wurden uns immer fremder, von ihm habe ich so gut wie keine Solidarität erfahren. Viel schlimmer noch, er beschuldigte mich, unser Ansehen im Dorf zu beschädigen. Unter anderem ist daran später auch unsere Beziehung gescheitert.

1975 Hausbau in Susch

Frauen, die nicht nur stricken

Der straffreie Schwangerschaftsabbruch war damals in aller Munde. In der Schweiz wurde Abtreibung bestraft. Für viele Frauen war Holland der letzte Ausweg. Verschiedene gesellschaftliche Kreise, auch kirchliche Gremien, diskutierten das Für und Wider. Es war im Jahr 1974, die Synode der Bündner Kirche (der Zusammenschluss aller reformierten Pfarrer und damals ein fast ausschließlicher Männerclub) wollten zum straffreien Schwangerschaftsabbruch Stellung beziehen. Ich ärgerte mich darüber, dass Frauen bei diesem wichtigen Thema mehr oder weniger ausgeschlossen wurden.

Kirsten kannte ich schon länger. Die gebürtige Dänin war mit einem Bündner Pfarrer verheiratet und wohnte in Zuoz. Mit ihr wollte ich meinen Ärger besprechen. In einem Telefonat entstand die Idee, ein Treffen gleichgesinnter Frauen zu organisieren. In den traditionellen Frauengruppen und -vereinen war Abtreibung kein Thema, ebenso die Frage nach der Männerdominanz bei politischen Entscheidungen, auch dann, wenn es

um Frauenanliegen ging. Im Gespräch mit Kirsten konkretisierte sich der Wunsch, einen Kreis von Frauen zu gründen, „die nicht nur stricken“, sondern sich für Frauenrechte einsetzen wollten. Die bestehenden Frauenvereine zu „missionieren“ und sie dazu zu bewegen, sich frauenpolitisch zu engagieren, schien uns aussichtslos. Sie waren bevorzugt mit Basteln und Häkeln für diverse Basare beschäftigt. Sie pflegten ein konservatives Frauen- und Familienbild. Fast alle Frauen eines Ortes gehörten zu einem solchen Verein. Sie genossen öffentliches Ansehen – sowohl bei den Männern als auch bei vielen Frauen. Wer sich den Frauenvereinen nicht anschloss, wurde schief angesehen.

Uns war sogleich klar, dass wir eine Gruppe von Außenseiterinnen sein würden. Schwangerschaftsabbruch war im Engadin kein öffentliches Thema für Frauen. Sowohl Kirsten als auch ich sprachen Freundinnen und Bekannte an, die ähnlich dachten wie wir. Unser erstes Treffen fand im Herbst 1974 statt. Wir waren sieben Frauen, fast alles Zugezogene, nur ich war eine Urbündnerin. Schon nach den ersten Diskussionen war klar, dass wir einen offenen Brief an die Synode der Bündner Pfarrerschaft schreiben wollten. Wir fanden es unmöglich, dass Frauen bei der Diskussion zum Thema „Straffreier Schwangerschaftsabbruch“ nicht angehört wurden. Zugleich waren wir der Meinung, dass nicht nur wir als kleine Gruppe den Brief unterzeichnen sollten, sondern dass wir eine Unterschriftensammlung organisieren mussten; je mehr Unterschriften, desto größer die Wirkung. Jede von uns warb zunächst im näheren Bekanntenkreis, dann suchten wir Frauen und Männer auf, von denen wir vermute-

ten, dass sie unser Anliegen unterstützten. Nach einigen Wochen hatten wir mehr als 300 Unterschriften beisammen, fast alle aus dem Engadin.

Bei unserem Vorhaben war uns Kirstens Ehemann behilflich. Als Pfarrer gehörte er zur Synode, er wusste, wie die Pfarrerschaft dachte und wie die Synode funktionierte. Er arbeitete nicht in einer Gemeinde, sondern war als Religionslehrer tätig. Er musste auf keinen Kirchenvorstand oder auf Gemeindemitglieder Rücksicht nehmen. Zugleich war er als engagiertes SP-Mitglied politisch aktiv. Bei der Formulierung des offenen Briefes hat er uns sehr unterstützt.

Für den Zeitpunkt der Veröffentlichung unseres Briefes hatten wir uns den Tag der Eröffnung der Synode, Donnerstag, den 26. Juni 1975, ausgewählt. Sie fand damals in Davos-Laret statt. In zahlreichen Gesprächen hatten wir von allen Zeitungen Graubündens, sowohl den größeren Tageszeitungen als auch von der regionalen Presse, die Zusage erhalten, dass sie alle zeitgleich den Brief zum 26. Juni abdrucken wollten. Selbst bei Radio Rumantsch war unser Statement eine Topnachricht.

Mit einer so breiten Unterstützung der Medien hatten wir nicht gerechnet. Bei der Synodaleröffnung lagen die Zeitungen in der Kirche aus. Fast alle Mitglieder der Synode wurden von der Veröffentlichung des Offenen Briefes überrascht. Unser Coup war gelungen.

Nun standen die Synodalen unerwartet unter großem öffentlichen Druck. Schon vom ersten Tag an ließ sich

nicht vermeiden, dass wir mit unserer Meinung – wenn auch nur indirekt – auf der Synode präsent waren und die vielen Diskussionen mitbestimmten. Ebenso mussten die Synodalvertreter auf kritische Anfragen der Presse reagieren. Wir waren in den Medien und in der Öffentlichkeit Gesprächsthema Nummer Eins. Eine wahre Leserbriefflut wurde durch unsere Aktion im Anschluss an die Synode ausgelöst. Pro und Contra wurden nun auch in Graubünden öffentlich diskutiert. In der offiziellen Stellungnahme der Synode wurde uns der Vorwurf gemacht, dass es uns nicht zustände, uns in Belange der Synode einzumischen. Es wurde uns vorgehalten, dass man nicht wisse, wer die Initiantinnen der Aktion gewesen seien. Doch das war ein unsinniges Argument, denn unsere Namen standen deutlich lesbar unter dem Brief. Unsere Initiativgruppe wollte nicht anonym agieren. Wir wollten als Erstunterzeichnende Gesicht zeigen.

Die breite Reaktion in der Öffentlichkeit motivierte uns dazu, das Thema weiter zu verfolgen. Wir organisierten an verschiedenen Orten Veranstaltungen und Diskussionsrunden. Dazu luden wir immer sowohl Befürworter als auch Gegner zum Thema des straffreien Schwangerschaftsabbruchs ein. Von einer Berner Frauenorganisation wurden uns ein Film und weiteres Diskussionsmaterial zur Verfügung gestellt. Ebenso luden wir gezielt Ärzte aus der Region zu unseren Veranstaltungen ein.

Die Diskussionen waren oft emotional und wenig sachlich. „Miserablas duonnas e mammas“ wurden wir genannt. Aber es gab auch Lob dafür, dass wir die Debatte über den straffreien Schwangerschaftsabbruch im En-

gadin angeregt hatten. Immer wieder warben wir dafür, doch die unterschiedlichsten Meinungen zu respektieren, nicht immer mit Erfolg. Wenn auch nicht mit einem Konsens, so endeten die Abende meistens mit einer gegenseitigen Wahrnehmung der unterschiedlichen Positionen. Man hatte die Argumente der anderen Seite gehört.

Auch wenn 1977 die Initiative für die Fristenlösung vom Schweizer Stimmvolk abgelehnt wurde, haben wir uns nicht resigniert zurückgezogen. Vielmehr war dieser Entscheid für uns Ansporn, uns noch mehr politisch einzubringen. Für uns sieben „nicht nur strickende Frauen“ war diese Anfangszeit politisch begründeter Frauenarbeit ein wichtiger Lernprozess. Wir unternahmen gemeinsam unsere ersten vorsichtigen Schritte der Emanzipation. Das Interesse der anderen an unseren Fragen und Überzeugungen, an unserem Engagement war unser Erfolg. Für mich war die Erfahrung, mit der eigenen Meinung in der Öffentlichkeit aufzutreten, für meine weitere Entwicklung lebenswichtig. Ich habe gelernt, zu meiner eigenen Überzeugung zu stehen und vorsichtige Schritte der Zivilcourage zu gehen.

Die „nicht nur strickenden Frauen“ existierten noch weitere zehn Jahre. Aus den sieben Gründungsmitgliedern wurden später bis zu dreißig. Es gab sowohl eine Ober- als auch eine Unterengadiner Sektion. Neben dem politischen Engagement haben wir uns gemeinsam fortgebildet. Wir luden Referenten ein, z.B. Urs Strahm, oder widmeten uns gemeinsamer Lektüre wie z.B. dem Buch „Familienkonferenz“ von Th. Gordon. Wir wurden

in unserem Handeln politisch bewusster und nahmen uns und unseren Alltag sensibler wahr. Ernährungsfragen, wirtschaftliche Zusammenhänge zwischen der Ersten und der Dritten Welt beschäftigten uns, wir vernetzten uns mit anderen Interessengruppen. Aber auch Meditationen, Feiern, Tanzen und Übungen zur Selbstwahrnehmung gehörten dazu. Bei all dem war unser Fokus immer auf die Frauenfrage gerichtet: Was können wir in unserer Rolle als Frau bewirken und ändern? Wie erleben andere Frauen ihre Lebensbedingungen, z.B. in Afrika? Aus den zehn Jahren gemeinsamer Erfahrungen gingen die meisten gestärkt hervor. Zugleich wurde uns Anerkennung zuteil. Wir wurden in politische Gremien gewählt (meistens in Gemeinde- oder Schulräte), oder uns wurden öffentliche Vertretungen angeboten. So wurde ich Leiterin der Musikschule und in den Kirchenrat der Bündner Landeskirche gewählt, trotz – oder gerade wegen – der Aktion um die Straffreiheit des Schwangerschaftsabbruchs und meiner politisch nicht immer konformen Haltung.

Freischwimmen

Ich war bereits 50 Jahre alt, als ich schwimmen lernte. In meiner Kindheit war es unmöglich, solchen Vergnügungen nachzugehen. Im Unterengadin gab es damals kein Freibad, geschweige denn ein Hallenbad. Zwar bin ich als junges Mädchen während meiner Besuche bei meiner Freundin Heidi in Horn mit ihr an den Bodensee gefahren. Natürlich sind wir auch ins Wasser gegangen, aber ich habe immer darauf geachtet, dass ich festen Boden unter den Füßen hatte. Wenn das Wasser kniehoch war, bereitete es mir Vergnügen zu planschen, alles andere war für mich zu wagemutig. Wasser habe ich in meiner Kindheit und als junges Mädchen als Bedrohung erlebt. Der Inn war ein gefährlicher, reißender Fluss, uns Kindern war es verboten, am Innufer zu spielen. Manchmal machten wir in Begleitung meiner Eltern Sonntagsausflüge an Nebengewässern des Inn, an sogenannten kleinen „Fops“ (Tümpeln). Dort gestalteten wir ein Picknick. Wir Kinder durften im flachen Wasser spielen, doch selbst das geschah unter der strengen Aufsicht der Eltern.

Ein traumatisches Erlebnis ereignete sich in meinem zwölften Lebensjahr. Auf der Heimreise von Österreich, dort hatten wir wie üblich für Grenzbewohner einge-

kauft, gerieten wir in einen sehr starken Regen. Plötzlich löste sich eine Mure, der mein Vater durch schnelles Fahren gerade noch entweichen konnte. Doch nur Sekunden später versperrte uns eine zweite den Weg. Vor uns und hinter uns war die Straße durch Geröll, Schlamm und Wasserströme blockiert. Wir waren wie durch ein Wunder unverletzt geblieben, doch unser Renault war eingeschlossen. Stunden später ließ der Regen nach. Es war bereits Nacht geworden. Mühsam kletterten wir über die vor uns liegende Mure und erreichten in stockfinsterer Nacht Martina. Ein Freund meiner Eltern brachte uns mit seinem PKW nach Strada – endlich waren wir zu Hause. Drei Tage später konnte auch unser Renault ohne Schaden geborgen werden. Wasser war für mich immer mit Katastrophen verbunden. Sehr lange hat es gedauert, bis ich einen freundlicheren Zugang zu diesem Element fand.

In den 80er-Jahren war meine Ehe in eine Krise geraten. Die notwendige Hausarbeit verrichtete ich zwar, ich war wie selbstverständlich für meine Familie da, ich kochte, putzte, wusch, bewirtschaftete den Garten, kaufte ein, kümmerte mich um die Posthalterstelle, doch das alles genügte mir nicht mehr. Ich war dabei unzufrieden. Die Kinder waren erwachsen geworden. Ich wollte etwas Neues ausprobieren und kennen lernen. Die Zusammenarbeit mit anderen Frauen hatte meine Neugierde an politischen Fragestellungen geweckt. Meinem Ehemann gefiel diese Entwicklung nicht. Er wollte keine Veränderungen; so wie es war, war es für ihn in Ordnung. Er verstand nicht, wenn ich mich exponierte. Er meinte, man müsse sich eben anpassen und sich einfügen. Die

Ehekrise verschärfte sich, als mein Mann mein Tagebuch entdeckte und heimlich darin las. Streitigkeiten zwischen uns häuften sich. An einer Eheberatung hatte Curadin kein Interesse.

Also suchte ich eigenständig nach psychologischer Beratung. Schnell hatte ich eine Therapeutin gefunden. Sie erkannte sofort, dass ich krank war. Sie empfahl mir, eine Überweisung durch den Hausarzt ausstellen zu lassen, um so die entstehenden Kosten durch die Krankenkasse erstattet zu bekommen. Aber dieser verweigerte ein Attest mit der Begründung, dass so etwas nicht nötig sei, ich sei schließlich kerngesund, die Krankenkassen könnten ja nicht für alles aufkommen. Also habe ich die Therapie selbst bezahlt. Im Laufe vieler Beratungsgespräche reifte in mir der Entschluss, Dinge auszuprobieren, für die ich bisher keine Zeit oder keinen Mut hatte, die aber für mich wichtig waren und die mehr waren als nur das Funktionieren in der Familie und im Beruf. Ich wollte Dinge tun, die nur für mich gut waren. So beschloss ich, endlich schwimmen zu lernen. Während verschiedener Familienausflüge hatte ich zwar die Strände am Mittelmeer und in Dänemark kennengelernt, aber bis auf nasse Füße war meine Bekanntschaft mit dem Wasser nicht intensiviert worden.

In Zernez gab es seit einigen Jahren ein Hallenbad. Ich beschloss, dort privaten Schwimmunterricht zu nehmen. Wöchentlich führte mich der Bademeister Herr Wilde in die Kunst des Schwimmens ein. Sein Zuspruch und seine Art der Hilfestellung führten dazu, dass ich rasch meine Ängste überwand und mit der Tragkraft

des Wassers vertraut wurde. Ich kann mich noch genau daran erinnern, wie erstaunt ich war, als ich nach dem ersten Sprung ins Wasser ohne mein Zutun wieder an die Oberfläche gelangte. Das war für mich wie ein Wunder: Ich wurde getragen! Nach und nach verlor das Wasser seine Bedrohung, ich freundete mich mit dem nassen Element an, ich wurde mit ihm vertraut. Ich lernte tauchen und die richtigen Schwimmbewegungen. Ich lernte, mich in einem für mich bis dahin fremden Element zu bewegen, ob auf dem Rücken oder in der Bauchlage. Ich konnte schwimmen! Bald brauchte ich die Hilfe meines Schwimmlehrers nicht mehr, ich hatte etwas Neues, Eigenständiges gelernt. Schwimmen zu gehen, wurde für mich wichtig, hier konnte ich meine Alltagsprobleme vergessen und meine Streitereien mit Curadin hinter mich lassen. Ich war in einem anderen Element angekommen.

Das Schwimmenlernen war nur der Anfang meiner Selbstfindung. Zur gleichen Zeit begann ich meine Ausbildung zur Erwachsenenbildnerin. Mit Hilfe einer Freundin war ich auf die Akademie für Erwachsenenbildung gestoßen, die eidgenössisch anerkannte Abschlussdiplome verlieh. Dieser Ausbildungsgang entsprach meinen Wünschen. Ich wollte mehr sein als eine Postgehilfin. Schon als junges Mädchen wäre ich gerne Lehrerin geworden, doch meine Mutter war damals der Meinung, dass das nicht nötig wäre, da ich ja sowieso bald heiraten würde. Nach dreißig Jahren hatte ich nun die Möglichkeit, meinen Jugendwunsch in die Tat umzusetzen. Für die Ausbildung zur Erwachsenenbildnerin waren eine abgeschlossene Berufsausbildung sowie ein

Aufnahmegespräch nötig. Voller Zuversicht und mit viel Vertrauen fuhr ich nach Luzern zum Erstgespräch. Doch dann begann die Warterei. Jährlich wurde nur eine Ausbildungsgruppe zusammengestellt, und nicht mehr als 25 Personen wurden aufgenommen.

Es dauerte fast ein Jahr, bis ich die Zusage bekam. Ich gehörte nun dazu. Ich war Studentin der Erwachsenenbildung. Ich war in die neue Ausbildungsklasse aufgenommen worden. Nun war mein Wochenrhythmus ganze drei Jahre lang durch den Besuch der Akademie geprägt. Jeden Dienstag fuhr ich mit dem ersten Zug um 6.00 Uhr in der Früh von Susch über Zürich nach Luzern. Dort traf ich nach 6 1/2 Stunden Fahrzeit ein. Anschließend fand von 13.00 bis 18.00 Uhr der Unterricht statt. Danach begann die Rückfahrt, die ich Gott sei Dank in Zürich bei Bekannten unterbrechen konnte. Am Mittwoch Mittag traf ich dann wieder in Susch ein, um mich dort erneut ganz den häuslichen Aufgaben und dem Postdienst zu widmen. Die notwendigen Hausaufgaben für das Studium erledigte ich in den Abendstunden und an den Wochenenden.

Der Lernstoff begeisterte mich. Mich mit pädagogischen Fragestellungen zu beschäftigen, war für mich außerordentlich bereichernd. Vor allem die Soziologie, Gruppendynamik und Frauenthemen hatten es mir angetan. Große Freude bereitete es mir, eigenverantwortlich Kurse vorzubereiten und durchzuführen. Manchmal kam eine meiner Lehrerinnen aus Luzern ins Engadin, um mich zu beraten und meine unterrichtlichen Versuche zu bewerten. Es gehörte zur Ausbildung, ein

eigenes Praxisfeld auszuprobieren. Das war für mich die Arbeit an der Volkshochschule „Scuntrada e furmaziun Ladina“ (SFL) im Unterengadin. Dort war ich für die Organisation und das Programm zuständig. Aus anfänglich fünf Kursen wurden im Laufe der Zeit über 30. Zugleich bot ich auch Fortbildungen im kirchlichen Bereich zu den Themenfeldern Kommunikation und Gesprächsführung an. Außerdem war ich mit dem Aufbau der Musikschule „Engiadina Bassa / Val Müstair“ beschäftigt, notabene ehrenamtlich.

Alle diese vielfältigen Tätigkeiten waren für mich ein „Freischwimmen“. Endlich konnte ich das machen, wozu ich mich eigenständig entschieden hatte. Postgehilfin war ich geworden, weil das meine Mutter wünschte. Nun konnte ich im Bereich der Erwachsenenbildung tätig sein, weil ich mir selbst dieses Arbeitsfeld ausgesucht hatte. Mit Lust und Engagement habe ich jede neue Herausforderung angenommen. Wenn ich heute zurückdenke, weiß ich gar nicht, wie ich diese vielen Aufgaben unter einen Hut bekommen habe. Für mich war alles „Neuland“, was ich dort entdecken konnte, ob in der Volkshochschule, der kirchlichen Fortbildung oder bei der Musikschule. Ich sog alles in mich auf wie ein ausgetrockneter Schwamm. Ich wollte vieles nachholen, was mir bis dahin verwehrt gewesen schien.

Zugleich war ich von dem Wunsch nach Veränderung getrieben. Ich wollte mich von der vorher erlebten Enge befreien. Immer schon geltende Konventionen und Lebensregeln waren für mich in verschiedensten Bereichen unerträglich geworden, ich wollte mich von vielen Din-

gen, die nun mal so waren, weil sie immer so waren, lossagen. Ich wollte traditionelle Rollenbilder aufbrechen. Personen, denen Bildung aus verschiedenen Gründen verwehrt gewesen war, wollte ich neue Wege des Lernens eröffnen.

In den 80er-Jahren herrschte im Engadin Aufbruchstimmung. Der Nationalpark bekam eine rechtliche Absicherung, Bildungseinrichtungen wie Musikschulen wurden besser gefördert. Durch sogenannte „Zugezogene“ aus Basel, Zürich und aus Deutschland gab es neue Impulse auch bei uns. Der Aufbau einer Volkshochschule, Kirchengemeindetage oder Pfarrpersonen, die Neues ausprobierten, sorgten für frischen Wind. War damals der Bau des Vereina-Tunnels auf verkehrstechnischem Gebiet die Öffnung für schnellere Verbindungen heraus aus den engen Tälern des Unterengadins, so war es mein Anspruch, auch im Bildungsbereich neue Wege zu erschließen und Schritte in bisher unbekannte Gebiete zu wagen.

1941 Flurinda mit Eltern

Es war eine gute Zeit, die ich mit Curadin erlebt habe: Wir kannten uns ja schon aus Kindertagen. 1958, ich war 19 Jahre jung, verliebten wir uns ineinander. Ein Jahr später fand die Verlobung statt, 1960 dann die Hochzeit. Ich war aus den Fängen meiner Mutter befreit, mit Curadin wollte ich etwas Gemeinsames aufbauen, eine Familie gründen, meinen eigenen Haushalt führen, Kinder haben. Aber so einfach war das damals alles gar nicht.

Mein Mann war Landwirt, sehr geschickt in allem, was er machte. Doch er hatte keinen Beruf erlernt. Wir übernahmen von seinen Eltern den kleinen Landwirtschaftsbetrieb. Die Schwiegereltern lebten mit im Haus. Das Zusammenleben war für mich nicht einfach. Die Familie meines Mannes hatte ihre eigenen Strukturen und ihre eigenen Umgangsformen. Ich kam in einen für mich fremden Haushalt und musste es nun vor allem meiner Schwiegermutter recht machen. Außerdem reichte die Landwirtschaft nicht als Existenzgrundlage für eine Familie. Mein Mann musste dazuverdienen. Er nahm deshalb jede Arbeit an, die sich außerhalb unseres kleinen Betriebes anbot. Ich war also anfänglich ganz im alltäglichen Leben der Landwirtschaft und der Haushaltsführung eingebunden. Freiheit und Selbstbestimmung

waren da in weite Ferne gerückt. Anpassung und Funktionieren waren angesagt.

Im Laufe der ersten Ehejahre bekamen wir drei Kinder, zwei Mädchen und einen Buben. Ich war ganz Mutter, Hausfrau und nebenbei auch noch Bäuerin. Mein Mann war arbeitsam, sparsam und ein guter Vater für meine Kinder. Ihm genügte das, was wir hatten. Ich dagegen war anders, hatte Ideen und malte mir mit immer neuen Plänen die Zukunft aus. Ich war die treibende Kraft, wenn es darum ging, Neues und Ungewöhnliches auszuprobieren. Wir machten Urlaub mit dem Zelt, fuhren nach Österreich in die Berge an den Fernsteinsee, nach Italien ans Meer. Wir waren mit den Kindern in Salzburg in den Salinen. Mindestens eine Woche lang im Jahr waren wir unterwegs, für Landwirte eine lange Zeit. Doch wir hatten alles organisiert, damit die Landwirtschaft auch in unserer Abwesenheit versorgt war. Wir luden oft Freunde ein und machten Reisen zusammen. Unvergesslich ist auch der Aufenthalt in Friaul, wo wir zwei Wochen lang im „Campo Svizero“ Aufbauarbeit für die Erdbebenopfer leisteten. Regelmäßig haben wir an den Wochenenden und in den Ferien an unserer Ferienhütte in Tschlin gewerkelt und später dort fröhliche Stunden miteinander verbracht.

Nach einer Zeit als Schulabwart in Zuoz bekamen wir endlich die Posthalterstelle in Susch. Unsere Familie funktionierte, wir teilten die Arbeit, bauten ein Haus, alles schien nach außen hin in Ordnung zu sein. Das ging solange gut, bis unsere Kinder sich auf Grund ihrer Berufsausbildung langsam aus unserer Familie

verabschiedeten und einen neuen Wohnsitz hatten. Zunehmend merkte ich, dass bis dahin die Kinder das Zentrum unseres Ehelebens waren. Nun waren sie seltener anwesend und gingen ihre eigenen Wege. Wie sollte es weitergehen? Das Eheleben allein reichte mir nicht. Ich hatte noch andere Interessen, arbeitete ehrenamtlich in verschiedenen Gremien mit und war politisch interessiert. Mein Mann hatte mit all dem Schwierigkeiten. Er ging seiner Arbeit nach und wollte seine Ruhe haben. Ich wollte etwas bewegen, frischen Wind ins Unterengadin bringen, konnte mich über Ungerechtigkeiten aufregen und dort, wo ich anderer Meinung war als die vielen, die zu allem Ja und Amen sagten, konnte ich nicht schweigen. Es gelang Curadin und mir nicht, über unsere Verschiedenheiten zu sprechen. Rückblickend denke ich, dass ich ihn oft überfordert habe. Ich habe auch wohl zu wenig auf seine Bedürfnisse geachtet. Wir waren mit unterschiedlichem Tempo unterwegs, ich forsch voran, Curadin langsam und bedächtig. Dabei haben wir uns aus den Augen verloren.

Curadin war ein guter Ehemann, er arbeitete viel neben dem Postdienst in seiner Werkstatt, er half im Dorf, wo er konnte. Doch ich bekam von ihm nicht das, was ich mir wünschte: Rückendeckung für meine Interessen, Anerkennung für meine Arbeit und mein Engagement. Vielmehr hörte ich immer wieder die Ermahnung, dass ich mich doch zurückhalten solle mit meinen vielen Ideen. Wir schwiegen und lebten nebeneinander her. Wir hatten kaum noch Gemeinsamkeiten. Die ganze Situation eskalierte zu einer Ehekrise. Schließlich beschloss ich, ihn nach 32 Ehejahren zu verlassen. Immer mehr verfestig-

te sich in mir der Gedanke, dass ich mein Leben ändern müsste, so wie es mein Hausarzt in Zernez mir schon seit langem nahe gelegt hatte. Ich wollte nicht in dieser Atmosphäre der Unzufriedenheit alt werden. Andererseits hatte ich große Mühe mit dem Gedanken an eine Trennung. Ich hatte Angst davor. Ich fühlte mich als Versagerin. Mir ging es gegen den Strich, die Unzulänglichkeiten und Probleme in meiner Ehe nicht bewältigen zu können. Ich schämte mich, mir einzugestehen, dass meine Ehe gescheitert war. Nachdem auch der Versuch einer Beratung nicht weiterhalf, wusste ich keine andere Lösung als die Trennung.

Ich hielt Ausschau nach einer eigenen Bleibe. In der Zeitung entdeckte ich ein Wohnungsinserat in der Gemeinde Grüsch. Genau das Richtige für mich, die Wohnung passte von der Größe, und sie lag weit genug entfernt von Susch und dem Engadin. Ich wollte den neugierigen Blicken und Fragen der Nachbarn, der Dörfler, aber auch der Freunde aus dem Wege gehen. Ich brauchte Abstand. Nur weg und sich verkriechen können, das war damals mein sehnlichster Wunsch. Leider war die Miete auf telefonische Anfrage hin für mich unerschwinglich. Doch nach ein paar Tagen raffte ich mich auf und fuhr zur Besichtigung der Wohnung nach Grüsch. Ich dachte mir: „Anschauen kostet ja nichts."

Doch leider musste ich den Besitzern absagen. Ich konnte die monatliche Miete nicht aufbringen, sie war für meine Verhältnisse einfach zu teuer. Abends bekam ich einen Anruf aus Grüsch. Die Besitzerfamilie hatte beschlossen, den Mietpreis um 300.- Fr. zu reduzieren. Allerdings müsste ich mich schnell entscheiden! Das war ein Ange-

bot! Ich stimmte spontan zu, ohne zu wissen, wie ich die Miete aufbringen sollte. Schließlich brachte ich den Mut auf, meine Mutter um finanzielle Unterstützung zu bitten. Ohne viele Worte gab sie mir das, was ich brauchte.

1992 zog ich dann in meine eigene Wohnung, die ganz allein mir gehörte. Es folgte eine schwierige Zeit – für mich und auch für Curadin, mit viel gegenseitigem Schmerz und viel Unverständnis. Schritt für Schritt konnte ich mein neues Leben beginnen. Immer wieder machte sich Trauer über mein Versagen breit. Die Frage, warum das alles so kommen musste, beschäftigte mich tagtäglich. Doch es gab auch Glücksgefühle, vor allem dann, wenn ich meine neue Lebenssituation mutig gestaltete und neue Pläne schmiedete. Ich hatte meine eigene Wohnung, mein eigenes Auto und einen Beruf als Erwachsenenbildnerin, in dem ich mich wohl fühlte. Schließlich bekam ich als Kirchenrätin sogar öffentliche Anerkennung, obwohl ich getrennt von meinem Mann lebte.

Zwei Jahre habe ich in Grüsch gewohnt. Die langen Wege über den Flüelapass vor allem im Winter wurden zur Belastung, ich versorgte ja nach wie vor den Postdienst in Susch und war in der Musikschule in Scuol engagiert, und der Vereinatunnel wurde erst 1999 in Betrieb genommen. 1994 bin ich dann in mein Elternhaus nach Strada gezogen, das leer stand, da meine Mutter ins Altersheim gegangen war. Ein Jahr später konnte ich mir dann eine Wohnung in Scuol kaufen.

2002, nach zehn Jahren der Trennung, habe ich mich von Curadin scheiden lassen.

Das Mäuschen wird Kirchenrätin

„Das Mäuschen wird Kirchenrätin!“ Mit diesen Worten kommentierte mein ehemaliger Pfarrer und Lehrer Rudolf Bezzola meine Wahl zur Kirchenrätin. Wohl mit einigem Stolz wiederholte er auf der Synode in Jenins jenen Kosenamen, mit dem er 50 Jahre vorher mich und meine Freundin Anna Famos beschrieben hatte. Anna und ich saßen in der 1. Klasse zusammen in einer Reihe. Beide waren wir die Kleinsten in der Klasse. Wir hatten uns angefreundet und hielten zusammen. Wir waren ein Herz und eine Seele, jedenfalls damals. Mehrfach umarmten wir uns während des Unterrichts. Für Rudolf Bezzola waren wir im Religionsunterricht in S-chadatsch seine beiden „Mäuschen“.

Dass aus einer seiner „Mäuschen“ einmal eine Kirchenrätin werden sollte, hatte er damals wohl kaum erwartet. Doch es war Realität geworden: Auf der Herbstsitzung des Evangelischen Großen Rates 1992 in Chur wurde ich bereits im ersten Wahlgang gewählt. Mit diesem Ergeb-

nis hatte ich nicht gerechnet. In den Augen von vielen Pfarrern und Kirchenmitgliedern war ich zu jener Zeit immer noch eine „Emanze“. Schließlich hatte ich mich in die Debatte um die Straffreiheit des Schwangerschaftsabbruchs in den 70er-Jahren lautstark eingebracht und einen Aufruf an die Synode für mehr Frauenrechte als Erstunterzeichnerin unterschrieben.

Ich war auch sonst bekannt dafür, nicht alles widerspruchslos hinzunehmen. Doch die Stimmung im Kanton musste sich wohl geändert haben, „Emanzen“ und ihre Anliegen wurden wohl neuerdings von einigen geschätzt, sonst wäre meine Kandidatur nicht auf solch eine breite Zustimmung gestoßen. Vorgeschlagen für die Wahl wurde ich von Vertretern des Kolloquiums Engiadina Bassa/Val Müstair. Allerdings gab es in der Pfarrerschaft des Engadins sogleich Widerspruch. Eine Gegenkandidatin wurde von konservativen Kreisen nominiert, so dass zwei Kandidatinnen aus den beiden Kolloquien des Ober- und Unterengadins dem Großen Rat vorgeschlagen wurden, was gar nicht der gewohnten Proporzverteilung im Kanton entsprach. Auch meine Gegenkandidatin wurde gewählt, allerdings erst im zweiten Wahlgang. Die Zusammenarbeit mit ihr verlief dann später im Kirchenrat meistens unproblematisch, wir haben uns respektiert und geachtet, auch wenn wir nicht immer einer Meinung waren und unsere politischen Anschauungen weit auseinander lagen.

Mein Engagement in der Kirche gehörte, so lange ich zurückdenken kann, zu meinem Leben dazu. Ich bin gerne zum Religionsunterricht gegangen, Fragen des Glau-

bens interessierten mich. Ich erinnere mich, mit welch einer Begeisterung ich beim Konfirmandenunterricht mitgemacht habe. Wir hatten einen engagierten Pfarrer. Mit ihm haben wir kurz vor der Konfirmation ein Lager durchgeführt, damals etwas Außergewöhnliches. Gemeinsam mit den Konfirmandinnen und Konfirmanden aus Sent waren wir mit Rucksack und Skiern aufgebrochen und nach S-charl hinaufgestiegen. Dort verbrachten wir eine Woche miteinander, wir diskutierten, machten Spiele und trieben Schabernack, Fragen des Glaubens wurden offen und kontrovers angesprochen. Pfarrer Rainhalter war für mich nicht nur ein guter Lehrer, er sorgte auch dafür, dass wir eine gute Gemeinschaft wurden.

Gerne habe ich mitgemacht, wenn kirchliches Engagement gebraucht wurde. Ich war schon als Schülerin Organistin in Martina, später in Ramosch, als erwachsene Frau dann auch in Susch. Zur Kirchenvorsteherin wurde ich bereits in den 60er-Jahren in der Kirchengemeinde Strada ohne große Diskussion gewählt, obwohl es noch gar kein Frauenstimmrecht in Graubünden gab. Übrigens war in der Ordnung der Evangelisch reformierten Landeskirche nie ausdrücklich das Frauenwahlrecht ausgeschlossen gewesen. In ihr wird von der „Gemeinschaft aller Einwohner, die einer Kirchengemeinde angehören“ gesprochen – wie auch immer „Gemeinschaft“ verstanden wird, ob mit oder ohne Frauenrechte.

Meine Wahl zur Kirchenvorsteherin in Susch verlief nicht ganz so problemlos. Zwar war ich schon mehrere Jahre Mitglied des Kolloquiums Engiadina Bassa, aber im Kirchenvorstand der Gemeinde Susch nahm man da-

von so gut wie gar keine Kenntnis. Gewählt wurde ich, weil sich keine andere Person für dieses Ehrenamt interessierte. Ziemlich schnell stellte sich heraus, dass die Zusammenarbeit mit dem Präsidenten des Kirchenvorstandes Susch nicht einfach sein würde. Als es um die Weiterbeschäftigung des bisherigen Pfarrstelleninhabers mit einem kleinen Pensum in der Kirchengemeinde Susch ging, wurde der Beschluss des Kirchenvorstandes, so zu handeln, vom Präsidenten ignoriert und nicht bei der Gemeindeversammlung traktandiert. Daraufhin mobilisierte ich die übrigen Kirchenvorstände. Auch sie erkannten das Fehlverhalten des Präsidenten, schwiegen aber dazu. Als ich dann auf der Generalversammlung das Problem benennen wollte, wurde mir vom Präsidenten das Wort entzogen. Mir war sofort klar, dass es eine weitere Mitarbeit in diesem Gremium nicht geben konnte. Als ich dann wenig später zur Kirchenrätin gewählt wurde, hat der Präsident der Kirchengemeinde Susch nichts unterlassen, mich hinter meinem Rücken bei den anderen Kirchenräten mit absurden Behauptungen und Unterstellungen anzuschwärzen. Allerdings ohne Erfolg. Die diversen Briefe wurden mit Kopfschütteln und humorvollen Kommentaren zur Kenntnis genommen und unbeantwortet zur Seite gelegt.

Im Kirchenrat habe ich das Departement Auswärtige Beziehungen vertreten. Alle Kontakte zur SEK (Schweizer evangelischer Kirchenbund), zur KIKO (Kirchenkonferenz der deutschsprachigen ev. Kirchen), zur Diakoniekonferenz der Schweizer Kirchen und der Frauenkommission des SEK musste ich wahrnehmen. Bei der Frauenkonferenz, gerade gegründet, wurde ich sogleich

für drei Jahre zur Präsidentin gewählt. Der Ständige Ausschuss der Frauenkonferenz traf sich monatlich in Bern. Zudem habe ich zweimal jährlich an den Jahressitzungen der „Voce evangelica“, dem Kirchenboten der italienischsprachigen Schweizer evangelischen Kirchen, teilgenommen, um so die Bündner Gemeinden Poschiavo, Bregaglia und Mesolchina zu vertreten. Alle diese Aufgaben neben den regelmäßigen Sitzungen des Kirchenrates wahrzunehmen war für mich, ganz im Osten der Schweiz lebend, nicht einfach, dazu auch zeitraubend.

Als ich gewählt wurde, kamen mit mir fünf neue Mitglieder in den Rat, lediglich der Präsident und der Aktuar waren „alte Hasen“. Dass wir fast alle Anfänger waren, hat uns der Präsident sehr schnell spüren lassen. Viele Entscheidungen traf er eigenmächtig. Nach einer Weile wollten wir uns das nicht mehr gefallen lassen. Dank produktiver Auseinandersetzungen und klärender Gespräche ist es uns gelungen, eine gemeinsame Arbeitsplattform zu finden, die sehr anregend war. Da jedoch der bisherige Präsident bald aus seinem Amt ausschied und ein neuer gewählt wurde, war die gemeinsame Arbeit mit seinem Nachfolger noch produktiver.

Noch heute erinnere ich mich daran, wie aufgeregt ich war, als ich meinen ersten Rechenschaftsbericht vor der Synode halten musste. Vor fast 100 Pfarrern und Pfarrerinnen zu sprechen, war für mich ungewohnt und nicht ganz einfach. Nach intensiver Vorbereitung und Übungen mit dem Diktiergerät fühlte ich mich einigermaßen sicher. Als ich bereits nach einem Jahr die Arbeit der Frauenkonferenz als Vorsitzende vor dem Vorstand der

SEK rechtfertigen musste, war auch das für mich als Novizin mit viel Herzklopfen verbunden. Aber auch diese Aufgabe habe ich gemeinsam mit meinen Vorstandskolleginnen der Frauenkonferenz gemeistert. Neben der alltäglichen Arbeit des Kirchenrates gehörte zu den Höhepunkten meiner Tätigkeit die Teilnahme an der Synode der Waldenser in Piemont sowie der Besuch in der Bibliothek der Waldenser in Rom. Die Bündner Kirche hatte mit einem beträchtlichen Betrag die Renovierung dieser Einrichtung unterstützt.

Nach elf Jahren habe ich die Arbeit im Kirchenrat beendet. Ich bin freiwillig zurückgetreten, da die maximale Amtszeit einer Kirchenrätin sowieso nur zwölf Jahre betrug. Nun hatte Lini Sutter die Chance, Kirchenratspräsidentin zu werden. Sie wurde gewählt. Erstmalig stand damit eine Frau an der Spitze der Bündner Kirche. Trotz meiner vielfältigen Aufgaben, die ich neben all den anderen Verpflichtungen zu erledigen hatte, war die Arbeit im Kirchenrat für mich sehr bereichernd. Ich habe viele Menschen kennen gelernt, die ähnlich dachten wie ich. Viele Freundschaften sind entstanden, die ich bis heute pflege. Vieles konnte ich verwirklichen; vor allem lag mir die Frauenarbeit am Herzen. Es war mir wichtig, deutlich zu machen, dass gerade Frauen einen wichtigen Platz in der kirchlichen Arbeit einnehmen können, nicht nur als Gottesdienstbesucherinnen oder als helfende Hände bei Gemeindeveranstaltungen, nicht nur beim Basteln für Basare oder in Besuchsdienstkreisen, sondern gerade auch in leitenden Ämtern. Frauen sollten mitbestimmen können, in welcher Kirche sie mitarbeiten möchten, sowohl in den Kirchengemeinden als

auch auf landeskirchlicher Ebene. Es wäre schön, wenn aus noch mehr „grauen Mäuschen“ engagierte Kirchenrätinnen würden.

1996 Kirchenrat

1997 Frauenkommission SEK Bern

Der blaue Wohnwagen in Bern

„Machst du mit?“, fragte Roswitha, Pfarrerin aus Genf, in einem Telefonat. Natürlich war ich sofort dabei, diese Aktion musste ich unterstützen. Roswitha hatte zuvor beschrieben, was Frauen aus der ganzen Schweiz in Bern planten: die „Berner Wache“. Ich wollte dabei sein. Ich spürte die gleiche Empörung wie Roswitha. Ich versprach ihr, weitere mögliche Unterstützerinnen anzusprechen. Ich kannte Roswitha noch aus der gemeinsamen Arbeit der Frauenkonferenz der Schweizerischen Evangelischen Kirchen. Im Telefonat hatte sie von Yvette Barbier, Kinderärztin aus Lausanne, berichtet. Sie hatte einen blauen Wohnwagen erworben, den wollte sie vor dem Bundeshaus in Bern aufstellen, um gegen das politische Geschehen in der Bundeshauptstadt zu protestieren.

Was war geschehen? Am 10. Dezember 2003 hatte die Bundesversammlung den Bundesrat neu gewählt. Anstelle der bisherigen Justizministerin Ruth Metzler, sie war Christdemokratin, kam neu Christoph Blocher vom rechten Flügel der Schweizerischen Volkspartei (SVP) in den Bundesrat. Mit Micheline Calmy-Rey war nur noch eine Frau in der Regierung verblieben. Auch von den Freisinnigen (FDP) waren wir enttäuscht. Für den demissionierenden Finanzminister Kaspar Villiger hatte man zwar eine Frau, Christine Beerli, nominiert, doch das Parlament wählte Hans-Rudolf Merz. Wir waren sprachlos. Der 10. Dezember war für alle politisch interessierten Frauen ein rabenschwarzer Tag. Uns entsetzte, dass nur noch eine einzige Frau in der Regierung verblieben war, und uns machte auch der politische Rechtsruck, verkörpert durch den neuen Bundesrat Christoph Blocher, zu schaffen.

Wir Frauen wollten das Geschehen nicht einfach hinnehmen, wir wollten unserem Ärger mit einer politischen Aktion Ausdruck verleihen. Nach Yvettes Vorstellung sollte die Aktion in Bern neun Monate dauern. Am 8. März, dem Internationalen Frauentag, sollte alles beginnen, war doch einer der Anlässe für diesen Gedenktag, dass vor fast 100 Jahren in Amerika, Deutschland und der Schweiz die Forderung nach einem freien, geheimen und gleichen Frauenwahlrecht gestellt wurde. Am 10. Dezember wollten wir unsere Aktion beenden, denn das war der Jahrestag der Ab- und Nichtwahl von Frauen in den Bundesrat und der skandalösen Wahl von Christoph Blocher. Die Idee der Wache kam Yvette, weil das „Wachen“ eine typische Frauenaktivität ist. In einem Interview sagte sie: „Jede Nacht wachen Tausende von

Frauen in unserem Land. Sie wachen über ihre Kinder, über ihre Verwandten und Freunde, wenn diese krank oder einer Bedrohung ausgesetzt sind. Meistens geschieht das Wachen ehrenamtlich. Es ist eine nur wenig anerkannte Aufgabe in unserem Land.“

Wir Freundinnen von Yvette waren der Meinung, dass Wachsamkeit bei den aktuellen politischen Verhältnissen eine der wichtigsten Tugenden aller Bürgerinnen und Bürger sein müsse. Pünktlich am 8. März wurde der blaue Wohnwagen als Frauenwachtposten vor dem Bundeshaus aufgestellt. Nach jeweils einem Tag und einer Nacht lösten sich die Wachen im 24-Stunden-Rhythmus ab. Mindestens zwei, manchmal auch drei oder vier Frauen waren im oder vor dem Wohnwagen präsent. Er war komfortabel eingerichtet. Es gab Schlafstellen und eine Kochgelegenheit. Wir durften die Toiletten in einem nahe gelegenen Schulhaus benutzen. Passanten, die vorübergingen, wurden zu Gesprächen eingeladen. Tee oder Kaffee trug zur Gastlichkeit bei. Nicht alle Passanten unterstützten unsere Anliegen, einige machten einen Bogen um uns herum und hielten gebührend Abstand – als hätten wir eine ansteckende Krankheit. Mit bunten Plakaten und flotten Sprüchen machten wir auf unsere Aktion aufmerksam. Im April allerdings veranlassten die Behörden, dass der Wohnwagen in einen Hof eines benachbarten Gymnasiums gebracht werden musste. Dieser Ort war nicht weit weg vom Parlament und damit immer noch exponiert genug, um öffentlich wirksam zu sein.

An 278 Tagen konnten wir die Wachen garantieren. Ich habe mich zweimal daran aktiv beteiligt. Im Mai bin ich

mit meiner Freundin Heidi nach Bern gefahren. Heidi fand in Tschlin keine Mitstreiterinnen, deshalb taten wir uns zusammen. Die täglichen Übergaben bei der Mahnwache waren ganz unkompliziert. Wir Neuen stellten uns kurz vor, die Vorgängerinnen berichteten, was bisher geschehen war. Eine Schlüsselübergabe fand nicht statt, weil der Wohnwagen immer offen stand. Zum Übergaberitual gehörte das gemeinsame Teetrinken, verbunden mit einem Gedankenaustausch. Ein zweites Mal habe ich mit Letizia Brot Wache gehalten. Bei diesem Anlass hatten wir die Nationalrätin Brigitte Gadient von der SVP eingeladen. Ich kannte sie aus Graubünden. Wir waren dankbar, dass sie sich zu einem öffentlichen Gespräch bereitgefunden hatte. Mit ihr saßen wir bei Tee und Kuchen vor dem Wohnwagen und diskutierten unsere unterschiedlichen Positionen. Klar, dass sie als SVP-Mitglied anders dachte als wir, doch das Gesprächsklima war gekennzeichnet von gegenseitigem Respekt.

Unser ganzer Stolz war es, eine Bündner Mahnwoche in Bern gestalten zu können. Wir hatten genug Frauen aus unserem Kanton gefunden, die den Dienst am Wohnwagen eine Woche lang verrichten konnten. Unser Projekt war einfach organisiert. Es gab keine hierarchische Struktur. Das Geheimnis lag darin, dass viele Frauen untereinander in Kontakt waren und so ein Netzwerk bildeten. Zwei Drittel aller Wachen entfielen auf Privatpersonen, für das restliche Drittel waren Delegierte aus Verbänden oder Parteien zuständig. Frauen aus allen Parteien waren dabei; nur die SVP, die Rechtspartei von Bundesrat Christoph Blocher, hatte sich nicht beteiligt. Einige Frauen hatten während ihrer Wachzeit Semina-

re organisiert, andere warteten auf Zufallsbegegnungen und rechneten damit, dass der blaue Wohnwagen schon genug Aufmerksamkeit erregen würde. Wichtig war uns auch ein Tagebuch, in dem Gäste ihre Meinungen eintragen konnten. Die meisten begrüßten unsere Aktion, wir haben viel Unterstützung erhalten.

Immer wieder kamen Journalisten vorbei, im Radio und im Fernsehen wurde von uns berichtet. Politikerinnen wie Micheline Calmy-Ray und die Altbundesrätin Ruth Dreyfuss besuchten uns. Eine Fotografin machte täglich Fotos von den Wachfrauen. Aus diesen Fotos entstand ein Buch, das später in Zürich der Öffentlichkeit vorgestellt wurde.

Bei der Schlussveranstaltung am 10. Dezember war ich wieder dabei. Der Wohnwagen wurde aus seinem Exil befreit und mit viel Frauenpower zum Bundesplatz verlegt. Zahlreiche Mitstreiterinnen legten Hand an und schoben das blaue Symbol auf seinen Ausgangsplatz zurück. Nun stand der Wohnwagen wieder dort, wo er 278 Tage und Nächte hätte stehen müssen, direkt vor dem Bundeshaus. Mit viel Musik, anerkennenden Reden, Gesang und Tanz wurde um den Wohnwagen herum ein Fest gefeiert. So wurde noch einmal deutlich, was Frauen bewegen können.

Auch wenn der unmittelbare politische Erfolg nicht sichtbar war, Christoph Blocher blieb Bundesrat, und es war weiterhin nur eine Frau im höchsten Gremium der Schweiz vertreten, so hatte unser Protest doch Langzeitwirkung. Christoph Blocher wurde einige Jahre später

abgewählt – zugunsten einer Frau. Seinen Platz nahm Eveline Widmer-Schlumpf ein.

2007 waren drei Frauen gleichzeitig Bundesrätinnen. Hinzu kam, dass Corinne Casanova als Bundeskanzlerin amtete. Für viele Frauen war die „Wache in Bern“ der erste Versuch, ihren politischen Überzeugungen aktiv und sichtbar Ausdruck zu verleihen und sich verstärkt für die Gleichberechtigung der Frauen im politischen Leben einzusetzen. Zwar gab es schon längst für uns Frauen das aktive und passive Wahlrecht, aber immer noch dominierten bei vielen Entscheidungen Männer.

Ich persönlich habe bei dieser Aktion die große Kraft der Frauensolidarität gespürt. Über 500 Frauen haben damals rund um den blauen Wohnwagen mitgemacht. Alle trugen das bei, was in ihren Kräften stand. Einige waren sehr kreativ, sie malten Plakate oder machten kleine Theaterspiele, andere kümmerten sich mit Tee und Kuchen um die Besucher. Nichts Besonderes wurde verlangt. Jede Frau, die mitmachte, musste lediglich 24 Stunden bereit sein, Wache zu halten. Wir mussten einfach nur da sein.

2008 Flurinda und Letizia vor dem blauen Wohnwagen in Bern

Eine „Oase“ trocknet aus

Eine Oase inmitten der Wüste, eine stärkende Quelle inmitten der vielen Belanglosigkeiten, ein Ort der Lebendigkeit inmitten des immer gleichen Trotts üblicher kirchlicher Angebote ... Nach solch einem Ort suchten wir. Wir, das waren sechs Männer und Frauen, darunter ehemalige Kirchenvorsteher und Kirchenvorsteherinnen und ein Pfarrer. Uns gemeinsam beschäftigte die Frage: „Wie können wir kirchliches Leben im Unterengadin attraktiver gestalten?“ Es war schon längst kein Geheimnis mehr, die Austrittszahlen stiegen kontinuierlich an – selbst auf den Dörfern, die Kritik am kirchlichen Leben wurde immer lauter, nach neuen Formen kirchlichen Lebens wurde gesucht, traditionelle Angebote sprachen viele Menschen immer weniger an. Irgendwann, ich weiß nicht mehr bei welchem Anlass, entstand die Idee, einen Treffpunkt mitten in Scuol einzurichten. Wir brauchten einen Ort der Begegnung, der nicht unmittelbar mit kirchlicher Gemeindearbeit in Verbindung gebracht werden konnte. Er sollte für jedermann zugäng-

lich sein. Hier sollten Diskussionen, Lesungen, Seminare und Gesprächskreise stattfinden, die nicht nur das traditionelle Kirchenbild repräsentierten. Wir wollten auch mit Kirchenkritikern und Ausgetretenen ins Gespräch kommen. Das Programm sollte einladend und offen sein, jeder sollte mitmachen können. Wir stellten uns „niederschwellige Angebote“ auch für Kirchenferne vor, um so die Kirche in Scuol und Umgebung attraktiver zu machen. An einigen Tagen in der Woche wollten wir den Treffpunkt auch für „Laufkundschaft“ öffnen; alle, die vorbeischauten, konnten den Treffpunkt besuchen und unverbindlich bei einer Tasse Kaffee mit einer Mitarbeiterin oder einem Mitarbeiter klönen. Wir brauchten eine „Oase“ zum Auftanken, zum Treffen, zum Sammeln neuer Ideen und zum Austauschen.

Die Notwendigkeit solcher Angebote wurde jedoch in Frage gestellt. Bis auf die Kirchenvorstände der Gemeinden Ramosch und Tschlin unterstützten die anderen Gemeinden unser Anliegen nicht. Selbst die wohlwollenden Aussagen der Landeskirche zu unserem Projekt halfen wenig. Man meinte, kirchliche Arbeit sei ausreichend in der traditionellen Gemeindearbeit aufgehoben. Zwar hatte die Landeskirche signalisiert, anfallende Kosten für die Gemeinden zur Förderung der „Oase“ aus dem Ausgleich bereitzustellen, doch selbst das konnte gewisse Gemeinden nicht bewegen, unser Projekt positiv zu beurteilen und in ihm einen weiteren kostenlosen Baustein kirchlicher Arbeit zu sehen. Vielmehr sah man in der „Oase“ eine unliebsame Konkurrentin zur traditionellen kirchlichen Arbeit. Die unterschiedlichsten Argumente wurden genannt: Die „Oase“ könne nicht in

allen Dörfern präsent sein, sie sei zu „zentral“ ausgerichtet und weniger „lokal“. Es kursierten die Meinungen, dass wir zu „religiös“ oder auch zu „esoterisch“ seien. Die Arbeit sei zu offen und nicht kirchlich genug. Außerdem sah man nicht ein, für unser Projekt „so viel Geld“ auszugeben (obwohl niemand bis auf die Gemeinde Scuol eigene Etatmittel hätte aufbringen müssen).

Zwar war das Pfarrhaus in Scuol geräumig genug, um hier die „Oase“ einzurichten, aber auch die leerstehenden Räume in diesem Gebäude verweigerte man uns. Wo also unterkommen, und woher das Geld beschaffen für unser Projekt? Trotz der ablehnenden Haltung der meisten Kirchenvorstände wollten wir nicht so schnell aufgeben. Wenn uns schon die Kirchengemeinden vor Ort nicht unterstützten, dann mussten wir bei anderen Einrichtungen anfragen. Hier waren die Reaktionen freundlicher. Die Landeskirche finanzierte uns eine kostenlose Beratung zu Beginn unserer Arbeit. Über ein Jahr lang wurden wir monatlich von einem externen Fachmann aus Zürich unterstützt. Da ich als Kirchenrätin mehrere Jahre im Stiftungsrat der „Fondia“ mitgearbeitet hatte und deren Arbeitsweise kannte, stellten wir eine Anfrage um Unterstützung auch bei dieser Einrichtung. Großzügig bewilligten sie ein Startkapital von Fr. 30.000, verteilt auf drei Jahre zu jährlichen Raten von Fr. 10.000. Dadurch waren unsere finanziellen Sorgen erst einmal behoben. Wir konnten mit unserer Arbeit beginnen. Auch ein Raum war bald gefunden. Für 1000.- CHF Monatsmiete bekamen wir mitten im Ort einen Tagungsraum mit Küche und Toilette. Das Mobiliar bestand aus Spenden. Die Politische Gemeinde Sent überließ uns 30

Stühle. Privatpersonen spendeten uns Tische. Aus dem Bestand eines Hotels erhielten wir zwei große Sessel und ausreichend Geschirr. Urs Trottmann, ein rühriger pensionierter Sozialarbeiter und Psychologe, verstand es, weitere Sponsoren zu finden. Die „Oase“ konnte ihre Arbeit aufnehmen. Wir hatten einen Trägerverein gegründet und eine Satzung verabschiedet. In den Statuten des Vereins „Center d‘inscunter OASE“ hieß es: „Die Oase ist politisch neutral, konfessionell und kulturell offen. Theologisch wird sie von der Reformierten Landeskirche verantwortet.“

Organisatorisch war die „Oase“ Neuland, sie war aus einer Basisbewegung heraus entstanden, finanziell abgesichert durch Mitgliederbeiträge und Sponsoren und inhaltlich getragen durch vielfältiges ehrenamtliches Engagement. Sie war weder eine Einrichtung der Landeskirche, des Kolloquiums noch einer Kirchengemeinde.

2008 war es dann endlich soweit. Unser erstes Jahresprogramm erschien. Seminartage, theologische Referate, Workshops, ein Filmabend, Literaturgespräche und regelmäßige Kurse zu den unterschiedlichsten Themen wurden angeboten. Inhaltlich ging es um Themen wie „Häusliche Pflege kranker Angehöriger“, „Die Fresken der Kirche von Lavin“, „Die Schöpfungsgeschichte“, „Qi Gong“ oder „Meditation“. Dabei haben wir vor allem Anregungen aus der Bevölkerung und aus der Region aufgenommen. Ca. 80 Personen nahmen anfänglich pro Monat an unseren Veranstaltungen teil. Der Erfolg war nicht zu übersehen.

Doch der Erfolg machte auch neidisch – vor allem unter den kirchlich traditionell geprägten Personen. Probleme bekamen wir, als dem Dorfpfarrer von Sent, einem unserer engagierten Mitinitianten, durch den Kirchenvorstand untersagt wurde, in der „Oase“ mitzuarbeiten. Sie war aber nicht nur der Gemeinde Sent ein Dorn im Auge, sie wurde auch von anderen Gemeinden und Pfarrpersonen als Konkurrenz erlebt. Dauernd mussten wir uns mit Anschuldigungen aus den Reihen der Kirchenvorstände und traditionell geprägter Kirchenmitglieder auseinandersetzen. Stets haben wir versucht, die Arbeit der „Oase“ in die „normale“ kirchliche Arbeit zu integrieren, wir haben Veranstaltungen auch außerhalb von Scuol angeboten, merkten aber, dass wir als Konkurrenz erlebt wurden. Von den meisten Pfarrern wurden wir geduldet, aber nicht aktiv unterstützt. Wir waren ein „Findelkind“, das man nicht adoptieren wollte. Nach vierjähriger erfolgreicher Arbeit waren wir es leid, uns dauernd mit der Missgunst und der Gegnerschaft gewisser Kirchengemeinden zu befassen. Es zerrte bei allen engagierten ehrenamtlichen Mitarbeitern der „Oase“ an den Kräften.

75jährig war ich zu müde, gegen den dauerhaften Widerstand anzukämpfen. Am liebsten wäre ich aus der Kirche ausgetreten, aber ich wollte meine Solidarität zu den vielen Gleichgesinnten und engagierten Christen und Christinnen nicht aufkündigen. Ihnen zuliebe bin ich bis heute ein treues Kirchenmitglied. Was mir bis heute Kummer bereitet, ist die Erkenntnis, dass man sich in der Kirche kaum noch traut, neue Formen kirchlicher Arbeit auszuprobieren. In Krisensituationen ziehen sich

die meisten Kirchengemeinden auf angeblich Bewährtes zurück, Neues wirkt eher bedrohlich als mutmachend. Ja, noch schlimmer, viele Kirchenvorstände versuchen geradezu zu verhindern, dass sich etwas ändert. Ihnen ist es am liebsten, wenn alles so bleibt, wie es ist.

Veränderungen bewirken Unsicherheit. Unsicherheiten stellen Gewohntes in Frage, Angst vor Neuem breitet sich aus. Dass dabei Orte der Lebendigkeit, wie es in meinen Augen die „Oase“ war, „austrocknen“, nimmt man in Kauf. Hauptsache, die Ruhe ist gewahrt. Rückblickend finde ich es schade, dass die gute Idee von der „Oase“ keine Rückendeckung von einigen Kirchengemeinden erhalten hat und ihre Arbeit nicht anerkannt wurde. So wurde oft vergessen, unsere Veranstaltungen in den Gottesdiensten abzukündigen. Ich hätte mir auch mehr Solidarität von einigen Pfarrern gewünscht. Sie hielten zwar das eine oder andere Referat, doch in ihren Kirchenvorstandssitzungen schwiegen sie meistens, wenn es galt, unsere Arbeit zu fördern, vermutlich aus Sorge, sich für eine Seite entscheiden zu müssen. Die meisten hatten Angst, es sich mit den Traditionalisten zu verderben. Schließlich hatten diese in fast allen Kirchenvorständen die Mehrheit. Die Haltung, möglichst bei niemandem anzuecken, ist im Engadin eine der wichtigsten Tugenden, Streit will man vermeiden.

Damals, als die Arbeit der „Oase“ eingestellt wurde, habe ich einsehen müssen, dass Veränderungen im Engadin länger als ein Leben dauern. Gescheitert ist das Projekt der „Oase“ auch, weil kein Nachwuchs da war. Wir waren erschöpft und müde. Sechs Jahre gegen Windmühlen-

flügel anzukämpfen, hat uns auch verbittert gemacht. Wir sind gescheitert am Widerstand und der Beharrlichkeit einzelner Kirchengemeinden. Gelernt habe ich: Die Kirche ist ein schwerer Tanker, der sich kaum bewegen lässt. Und: Es gibt immer weniger Menschen, die bereit sind, im Gemeindeleben neue Impulse zu setzen. Dabei habe ich in meinem langjährigen kirchlichen Engagement gelernt, dass kirchlich geleitete Einrichtungen nur dort eine Zukunft haben, wo man sich um die Anliegen der einfachen Menschen kümmert. Aber – auch das habe ich mühsam begreifen müssen – Kirche ist immer auch nur so gut wie die Menschen, die in ihr mitarbeiten.

Wachsen im Widerstand

„Daraus wird sowieso nichts!“, lautete das Urteil einiger tonangebender Männer in der Gemeinde Susch, als wir unseren Wunsch nach der Gründung eines Kindergartens publik machten. Sie waren dagegen. Man konnte sich beim besten Willen nicht vorstellen, dass die Gemeinde für solch eine „überflüssige“ Einrichtung Geld ausgeben würde. Sollten doch die Frauen selbst nach den Kindern schauen und auf sie aufpassen. Ich war da anderer Meinung. Natürlich brauchte Susch einen Kindergarten, für solch eine Einrichtung wollten wir jungen Mütter uns engagieren. Wenn nicht der Gemeinderat bereit war, unser Projekt aktiv zu unterstützen, dann mussten wir nach anderen Verbündeten Ausschau halten.

Von Pfarrer Blanke, ehemals Pfarrstelleninhaber in Tschlin, wusste ich, dass es die „Schweizer Berghilfe“ gab. Sie wird ausschließlich durch Spenden finanziert und hat das Ziel, die Existenzgrundlagen und Lebensbedingungen in Schweizer Berggebieten zu verbessern.

Sie fördert die Selbsthilfe der Bergbevölkerung, um so unter anderem der Abwanderung aus den Bergregionen entgegenzuwirken. Pfarrer Blanke hatte mir erzählt, dass die Berghilfe auch Kontakte zwischen wohlhabenden Gemeinden aus dem Unterland und ärmeren Bergdörfern vermittelt. Die reicheren Gemeinden unterstützen dann Projekte in Berggebieten finanziell. Ich war sofort der Meinung, dass unser Projekt „Kindergarten in Susch-Lavin“ förderungswürdig sei. Ich formulierte eine Anfrage an die „Berghilfe“. Schon wenig später kamen Herr und Frau Catani, beides Mitglieder des Präsidiums der „Berghilfe“, nach Susch, um die Bedürftigkeit unseres Antrags zu prüfen. Es vergingen keine 14 Tage, da meldete sich Frau Annina Nolfi aus Adliswil, die ursprünglich aus Lavin stammte, um uns mitzuteilen, dass die Gemeinde Adliswil bereit sei, die Gründung eines Kindergartens zu fördern, allerdings unter einer Bedingung: Die Projektleiterinnen und die Verantwortlichen der Gemeinde müssten sich persönlich in Adliswil vorstellen und dort allen Interessierten ihr Vorhaben erläutern. Von uns Frauen überrumpelt und völlig überrascht, konnte der Gemeindepräsident diesem Ansinnen nicht mehr widersprechen. Aus dem anfänglichen Misstrauen und Naserümpfen war plötzlich Stolz geworden.

Dann war es soweit. Man warf sich in Schale, die Frauen trugen Engadiner Tracht (nur ich hatte keine, ich lieh mir auch keine aus), es wurde Engadiner Nusstorte gebacken, Bergkäse, Speck und Würste eingepackt, um so ausgestattet zur zukünftigen Partnergemeinde zu fahren. Alles andere war dann wie selbstverständlich. Unsere Präsentation kam gut an, die Gemeinde Adliswil förder-

te den Kindergarten mit einer Starthilfe. Doch vorher mussten wir noch einen Trägerverein für den Kindergarten gründen, damit die Gemeinde Adliswill einen Ansprechpartner im Engadin hatte.

Wenig später wurden Räume des Schulhauses in Susch umgebaut und eine Kindergärtnerin angestellt. Selbst der Transport der weiter entfernt wohnenden Kinder war kein Problem. Kurz vorher hatten mein Mann und ich für den Schülertransport in der Gemeinde einen kleinen Postbus angeschafft. Neben dem Schülertransport wurde er jetzt auch für den Fahrdienst des Kindergartens genutzt. Ich hatte den Chauffeurdienst bereits für den Schülertransport übernommen, jetzt war ich auch Busfahrerin für die Kleinsten des Dorfes. Natürlich hatte ich, um die Fahrten auch gesetzeskonform durchführen zu können, dafür die Taxiprüfung in Chur zu absolvieren. Der Fahrdienst war für mich eher eine Freude als eine zusätzliche Belastung. Ich fuhr sowieso leidenschaftlich gerne Auto. Nach anfänglichem Widerstand war nun der Kindergarten eine Bereicherung für die Gemeinde Susch, auf die alle Gemeindevertreter mit Stolz hinwiesen. Die eigentlichen Initiantinnen wurden nicht mehr erwähnt, alle Erfolge heftete man sich ans eigene Revers.

„Daraus wird ja sowieso nichts. Wie wollt ihr das denn meistern?“ Diese Aussage habe ich Jahre später in einem anderen Zusammenhang noch einmal gehört. Als Leiterin der Musikschule hatte ich angeregt, einmal die „Zauberflöte“ mit möglichst vielen Schülern und Schülerinnen auf die Bühne zu bringen. Das Projekt war immer

größer geworden, über 500 Schüler bereiteten sich vor. Die „Zauberflöte“ sollte als Gemeinschaftprojekt der Musikschule Engiadina Bassa / Val Müstair und den örtlichen Schulen aufgeführt werden. Der Termin stand bereits fest, die Eishalle in Scuol war reserviert, die Programme waren gedruckt. Lediglich die Finanzierung war noch unsicher. Ein Antrag an den Gemeindeverband „Engiadina Bassa/PEB“ für eine „finanzielle Ausfallgarantie“ war schon in der Planungsphase nicht beantwortet worden. Etwa einen Monat vor dem Aufführungstermin kam dann zu unserer großen Überraschung die Absage. Die politisch Verantwortlichen des Unterengadins lehnten es ab, unser Projekt finanziell abzusichern. Das Risiko sollten wir selbst tragen. Wir müssten sehen, wie wir zurechtkämen, so die Argumentation.

Was tun? Alles absagen? Solch eine Entscheidung schien uns unmöglich. Wir sahen die Begeisterung der Schüler bei den Proben und das Engagement der Lehrpersonen. Peter Appenzeller, der musikalische Leiter des Projektes, war jedoch sehr zuversichtlich. „Das bekommen wir auch ohne Hilfe hin!“, war seine feste Überzeugung. Ohne die vielen freiwilligen Helfer, Väter und Mütter und deren ehrenamtliches Engagement hätten wir das Projekt nicht umsetzen können. Mütter sorgten für die Verpflegung bei den Proben, die Eishalle musste zum Opernhaus umgebaut werden, dafür wurden Stühle transportiert und der Boden mit einem Schutzbelag ausgelegt. Schließlich kam der Tag der Premiere. Wir hatten ein ausverkauftes Haus. Auch für die zweite Aufführung waren alle Eintrittskarten vergriffen. Die Aufführungen waren ein grandioser Erfolg. Die aufführenden Kinder

und Jugendlichen waren von der Musik Mozarts so begeistert, dass sie wochenlang bei jeder Gelegenheit die Melodien der „Zauberflöte“ anstimmten, ob in der Bahn oder auf dem Pausenplatz, ob auf den Straßen oder dem Schul-WC.

Beim abschließenden Kassensturz leuchteten unsere Gesichter. Die Einnahmen waren so groß, dass nicht nur alle Kosten gedeckt werden konnten, wir hatten sogar einen Überschuss erwirtschaftet. Ärgerlich nur, dass diese Summe an den Träger der Musikschule abgeführt werden musste. Die „Pro Engiadina Bassa / PEB“ hatte zu allem Überfluss auch noch ein gutes Geschäft gemacht. Trotz allem, wir hatten auch ohne Hilfe des Gemeindeverbands das Projekt gestemmt.

Diese Episoden stehen stellvertretend für meinen Einsatz, auch vor schwierigen Umständen nicht zu kapitulieren. An Widerständen bin ich gewachsen. Sie provozieren Kreativität und erwecken Lebenskräfte. In Auseinandersetzungen habe ich Energien gespürt, die ich vorher nicht kannte. Sie haben mir gezeigt, dass ich nicht alleine bin und viele so denken wie ich. Ich habe mancherlei Solidarität erfahren. So ist die einfache Weisheit „Wer nicht wagt, der nicht gewinnt“ auch ein Lebensmotto für mich geworden. Allerdings ohne die Unterstützung anderer und die Solidarität vieler wäre aus den Projekten nichts geworden.

Zur Übersetzung

Die Gestaltung meiner biographischen Erinnerungen war eine interkulturelle Begegnung. In langen Gesprächen mit Lothar Teckemeyer sind zunächst die Geschichten von ihm in deutscher Sprache aufgezeichnet worden. Er hat sie in Form gebracht. Bei der Übersetzung ins Romanische habe ich gemerkt, dass das, was im Romanischen wie selbstverständlich tönt, im Deutschen ganz anders klingt. Deshalb ist dieses zweisprachige Buch auch keine Eins-Zu-Eins-Übersetzung. Das klingt schon im Titel an: „Crescher e madürar“ heißt „Wachsen und reifen“, es ist eher ein Geschehen als ein selbsttätiger Prozess. Das Wort „Freischwimmen“ bringt das zum Ausdruck. Im Romanischen gibt es dafür kein gleichwertiges Wort. Wir haben uns entschieden, uns bei der Übersetzung Freiheiten zu nehmen, um so der jeweiligen Ausdrucksweise der beiden Sprachen gerecht zu werden.

Ich hätte es kaum für möglich gehalten, dass dieses Buch je entstehen konnte. Nur den immer wiederkehrenden Aufforderungen meines Freundes Lothar Teckemeyer ist es zu verdanken, dass 15 Geschichten zu Papier gebracht wurden. Er war mir behilflich bei der Formulierung meiner Gedanken. Meine Motivation, Ereignisse aus meinem Leben aufzuschreiben, war vor allem, für mich wichtige Erkenntnisse und Erfahrungen an andere weiterzugeben. Vor allem die Perspektive aus der Rolle der Frau war mir dabei ein zentrales Anliegen.

Jacques Guidon hat mich mehrfach ermuntert, dieses Projekt zu realisieren. Deshalb bildet seine Zeichnung „Wachsen und Werden“ auch einen zentralen Mittelpunkt in diesem Buch.

Besonders danken möchte ich auch Brigitte Barba und Jon Duri Vital für ihre Korrekturarbeit und all denen, die mich auf diesem Weg begleitet haben.

Flurinda Raschèr-Janett

Scuol, 2019